Die Stadt, ein Bauhelm und der Atomdoktor

2. Auflage Juni 2018
Umschlaggestaltung: Carlo Stede (persephone.media //
design | code | development)
Stadthaus-Verlag,
Elbestr. 18, 15827 Blankenfelde
www.stadthaus-verlag.de
ISBN 978-3-922299-54-7

Die Stadt, ein Bauhelm und der Atomdoktor

Roman

Dieter Lenz

Stadthaus Verlag

Erster Teil

1

Hätte der Fotograf Martin Falk gewusst, was da auf ihn zukommt, wäre er sofort auf die nächste Brücke gerannt und hätte seine komplette Fotoausrüstung in den Fluss geworfen, der sich durch die Stadt schlängelte.

Es war eine besondere Stadt, in zwei Teile getrennt durch eine Mauer, die im Ostteil streng bewacht wurde. Er wohnte im Westteil der Stadt im dritten Stock eines fünfstöckigen Miethauses mit zwei Seitenflügeln und einem sogenannten Gartenhaus. Sein Fotolabor befand sich im Kabuff seiner Wohnung, das in alter Zeit als Vorratskammer diente. Bettina Manzoni, die Hausbesitzerin, hatte es erlaubt. Ein sonderbarer Name für eine deutsche Frau. Um es kurz zu machen: Gaetano Manzoni, ehemals Pizzabäcker in Palermo, dann Gastarbeiter in Deutschland, heiratete 1967 Bettina Berg, Inhaberin eines Mietshauses, in dem sie und ihre Familie wohnten. Neun Monate später bekamen die beiden eine Tochter und nannten sie Katja.

Mit dem Haus hatte Frau Manzoni von ihren Eltern auch den Frisiersalon geerbt. 28 Jahre lang führe sie ihn schon, sagte sie, sie wolle ihn bald ihrer Tochter übergeben, einer von ihr selbst ausgebildeten Friseurin, aber wenn die nicht will, wird sie ihn verkaufen.

Bevor ihr Mann, von ihr zum Herrenhaarschneider umgeschult, etwas entgegnen konnte, fügte sie hinzu, er solle sich da raus halten, das bestimme sie. Und er möge sein Toupet auf dem Kopf lassen.

Als dieses einseitige Gespräch stattfand, sprach der Nachrichtensprecher im Radio gerade von einer Wirtschaftskrise in Deutschland.

Es war Anfang November 1989.

In der engen Straße des Manzonihauses war es schon früh am Tage dunkel, trotz der Laternen, dafür strahlten die kleinen Geschäfte in den fünfstöckigen Häusern wie Schmuckkästchen. Mit Ausnahme der Kohlen- und Brennholz-Handlung gegenüber dem Manzonihaus. Der Laden war eine für die Gegend typische Ladenwohnung, die Wohnung befand sich nach hinten auf der Hofseite und war von der Straßenseite durch das Büro erreichbar.

Eines der Schaufenster verhüllte eine Gardine, dahinter brannte das spärliche Licht einer Bürolampe. Im anderen Schaufenster funkelte die Illusion eines Luxusgeschäftes — das Spiegelbild von „Tinas Frisiersalon" gegenüber. Dahinter verbarg sich der Lagerraum für abgepackte Brikettbündel.

Wie gewöhnlich saß an diesem Nachmittag Erna Jahnke an ihrem Schreibtisch, sie hatte die Lampe auf das Ungetüm einer alten Rechenmaschine gelenkt und prüfte die Umsatzahlen.

Im Kiez hieß sie „Kohlen-Erna".

Noch in den 70er Jahren florierte das Geschäft mit vier Kohleschleppern und zwei Kleinlastern. Sie belieferten das ganze Viertel mit allen Sorten von Kohle. Nach dem plötzlichen Tod ihres Mannes übernahm Erna das Geschäft.

Die Zeiten änderten sich, Öl- und Gasheizungen begannen die Kohlenheizungen zu ersetzen. Nach und nach musste sie ihre Arbeiter entlassen. Notfalls schleppte sie die Brikettbündel selbst zu den Mietern. Das tat den Knien nicht gut und die Mieter rieten ihr, sich zu schonen. Die Leute hatten gut reden, sie musste für die Zukunft ihres Sohnes Klaus sorgen.

Mittlerweile war er erwachsen und genauso ein Kleiderschrank wie sein Vater.

Jetzt lieferte er die Kohlen aus, sie selbst verließ Laden und Wohnung nur noch selten der Schmerzen in den Kniegelenken wegen.

Die Glocke der Eingangstür bimmelte, Martin Falk trat ein und sprach in Richtung der Lampe, er brauche mal wieder Briketts.

„Freut mich, Falki."

Kohlen-Erna hatte eine brüchige, aber kräftige Stimme, manchmal unterbrochen von einem kurzen, trockenen Husten.

„Aber nu mal vernünftig! Lassen Sie sich die Dinger von meinem Klaus rauf tragen, der hat die Knochen dazu."

„Nee", antwortete Martin schon aus dem Lagerraum. „Nehmen Sie mir bloß nicht meinen Sport."

Als er sich zu den Brikettbündeln bückte, berührte ihn etwas am Po. Er drehte sich um.

Bis zur Brust ragte Klaus aus dem Boden. Mit der linken Hand hielt er die Falltür über dem Kopf, mit der anderen machte er ein Pst-Zeichen und reichte Martin einen Zettel. Lautlos verschwand er wieder.

Der Fotograf steckte den Zettel in seine abgewetzte braune Lederjacke und ging ins Ladenbüro.

Die Kohlenfrau kurbelte an der Rechenmaschine, die einen Krach machte wie ein Güterzug. Nachdem er bezahlt hatte, schleppte er die Brikettbündel über die Straße ins Haus und stieg, auf jedem Treppenpodest verschnaufend, hinauf in seine Wohnung.

Beim Anheizen des Kachelofens fiel ihm der Zettel ein. Krakelig geschrieben stand da:

„Kommen Sie heut Nacht Punkt 12 mich abholen. Tolle Sache. Keinem verraten. Können Sie fotografieren für die Zeitung."

Eigentlich wollte er früh ins Bett gehen und gemütlich ein Taschenbuch mit Science-Fiction-Geschichten lesen.

Aber ein selbständiger Fotoreporter muss jede Gelegenheit zu einem Zeitungsfoto nutzen. Außerdem hatte ihm Klaus beim Einrichten seines Fotolabors geholfen, wobei er ihn durch seine Chemiekenntnisse überraschte. Und wenn nicht mal seine Mutter von der Sache was erfahren durfte, musste was dran sein.

Martin zog unter dem Bett zwei Karton mit Fotos hervor.

Er wollte sie nach Themen sortieren, geplant hatte er es schon seit Wochen. In den Radiorecorder schob er eine Countrykassette.

Sicherheitshalber stellte er den Wecker auf 23.50.

2

Klaus Jahnke, stumm nach einer Gehirnhautentzündung im Alter von zwei Jahren, hatte in den letzten Abenden wie die meisten im Westteil der Stadt fast nur vor dem Fernseher gesessen. Er sah, wie die Menschen im Osten friedlich und mit Lichtern in den Händen durch die Straßen zogen. Damit protestierten sie gegen die Grenzmauer, sie wollten sie geöffnet haben, dafür ließen sie sich sogar von der Polizei einsperren. Das gefiel ihm.

Und was machten sie hier im Westen der Stadt?

Sie redeten, sie redeten. In den Büros, bei der Arbeit, in den Kneipen, in den U- und S-Bahnen. Das schien ihnen zu genügen. Die ohne Stimme waren (und es hieß ja im Westen, die im Osten hätten keine Stimme), die mussten mit den Händen reden wie er. Sie mussten handeln.

Er gehörte daher zu ihnen, denn auch er hatte keine Stimme, und darum wollte er jetzt reden genau wie sie: mit den Händen. Und in der Zeitung sollten sie darüber berichten.

Wer lesen konnte, würde es dann lesen. Katja konnte lesen.

Katja, Katja von der drübenschen Seite aus dem Frisiersalon, Katja Manzoni.

Früher hatte sie dunkelbraunes und langes Haar, seit zwei Wochen war es streichholzkurz und blond gefärbt.

Beide kannten sich sozusagen von Geburt an, sie waren derselbe Jahrgang. Bis zur Vorschule wuchsen sie gemeinsam auf. Fast täglich trieben sie sich auf dem Abenteuerspielplatz herum. Anfangs spielten sie Mann und Frau, ihre Wohnung war der kleine überdachte Ausguck auf dem Klettergerüst.

Eines Tages sagte sie, er solle sie verteidigen, denn da kämen Indianer, ob er sie denn nicht sähe? Klar sah er sie und wedelte furchterregend mit einem Zweig durch sämtliche Löcher des Ausgucks. Aber bald begann Katja am Sinn seiner Aktion zu zweifeln. Da fielen ja nirgendwo irgendwelche Indianer um. Und so sagte sie ihm, er möge lieber Angreifer spielen, sie würde sich schon selber verteidigen.

Das Spiel spielten sie zweimal, dann wollte er wieder Verteidiger sein. Auf ihre Frage warum, antwortete er sinngemäß in seiner Gebärdensprache: Lieber wolle er sich mit zehn Katzen in einen Schrank sperren lassen, als sie noch einmal erobern zu müssen.

„So ist das also! Feigling!"

Sie war beleidigt, und obwohl sie sich fast jeden Tag sahen, blieben sie sich fern. Und dann wuchsen sie heran, zu schnell offenbar, um an eine Versöhnung zu denken.

Jetzt waren beide erwachsen, und er bewunderte sie mehr denn je. Während er in seiner Welt des Kohlenhandels blieb, brach sie fast jeden Abend auf zu einer anderen Welt, von der er nichts wusste. Er sah sie aus der Haustür kommen, in einem sehr kurzen Kleid wie ein Model. Und sich selber sah er im Dunkel der Kohlenhandlung stehen, Hemd und Hose schwarz vom Kohlenstaub, schweißfeucht, und sein Gesicht war bestimmt so schön wie das vom Ungeheuer im Loch Ness.

Nur manchmal kamen sie sich näher. Alle vier Wochen machte er eine Stunde früher Feierabend, duschte sich, zog die Sonntagsjeans an und ein frisches Hemd (im Sommer ein T-Shirt, da konnte er seine muskulösen Arme zeigen) schritt über die Straße in den Frisiersalon und und ließ sich von ihr die Haare schneiden.

Niemals von ihrem Vater, dem Sizilianer.

Mit den Händen erklärte er Katja, zwar habe ihr Vater einiges abgeguckt, aber ein richtiger Friseur sei er noch lange nicht.

Als Gaetano Manzoni davon hörte, riss er sich das Toupet vom Kopf, schleuderte es auf den Fliesenboden, stampfte darauf herum und schrie, das sei Rassismus, worauf seine Frau ihn zur Seite schubste, das Haarteil aufhob, glättete und ihm auf die Halbglatze drückte mit den Worten: „Halt die Klappe, Mann!"

Die Sache endete zwei-zu-eins für Klaus.

Ob Katja wusste, wie gut es ihm tat, wenn sie ihm im Spiegel zulächelte? Und wie leicht ihm alles wurde, wenn er, wie in Kindheitstagen, nicht viele Gesten machen musste, um ihr eine lange Geschichte zu erzählen.

3

Mit einer Ledertasche wartete er vor der Haustür, als Martin mit umgehängter Kamera herauskam. Dunkel und still lag die Straße. Wie glänzende Kellerasseln standen die Autos unter den Laternen.

Klaus war groß und bärenhaft, Martin eher klein und zierlich. Sie schwiegen. Ein sonderbares stummes Pärchen, das da auf dem Weg war. Wohin?

Zur Mauer. Zur Grenzmauer. Sie war nicht weit entfernt. Schon nach zehn Minuten waren sie am Ziel.

Drüben, jenseits der Mauer, strahlten die Scheinwerfer so stark, dass man im Mauerschatten nahezu unsichtbar wurde.

Zuerst holte Klaus einen Handbohrer aus der Tasche, stemmte ihn in Brusthöhe gegen die Betonwand und kurbelte. Das knirschende Geräusch war lauter als erwartet. Martin drehte sich um. Aus Fenstern fiel Licht auf den schmalen Durchgang zwischen den Mietshäusern und der Mauer. Klaus musste aufpassen, dem Parterrebalkon des Hauses nicht zu nahe zu kommen, sonst könnte man ihn vom etwas weiter entfernt stehenden Wachtturm sehen.

In diesem Augenblick klapperte es jenseits der Mauer, dann erschien oben auf der Mauer der Kopf eines Grenzsoldaten.

„He! Sie! Was machen Sie da!"

Es blitzte. Martin hatte ein Foto geschossen.

Klaus steckte vorsichtig ein Glasröhrchen in das gebohrte Loch, eine Lunte ringelt sich herab.

Der Kopf tauchte ab.

Ein Scharren jenseits der Mauer, oben erschien jetzt ein Kopf mit Offiziersmütze, ein dunkles Gesicht neigte sich zu dem Geschehnis dort unten. Ein Feuerzeug flammte auf. Blitzartig zog sich der Kopf zurück und Klaus sauste davon, Martin hinterher, drehte sich aber nach fünfzehn Schritten um und presste die Kamera vors Auge, da knallte es, eine Staubwolke stieg auf, Betonstücke kollerten über den Boden. In der Mauer war ein großes Loch mit einem Spalt nach oben und unten.

Schnell machte Martin einige Fotos.

„Jetzt aber nischt wie weg!"

Klaus nickte und griff sich die Tasche. Da erschien der Offizierskopf im Mauerloch.

„Verdammte Idioten! Was soll der Quatsch! Die Mauer ist längst offen!"

Sie flitzten davon.

4

Seit der Nacht geschah in der Stadt eine Völkerwanderung von Ost nach West. Rundfunk und Fernsehen hatten am Abend berichtet, es genüge der Ausweis, um in den Westen der Stadt zu kommen. Davon wussten aber die Grenzsoldaten nichts und erschraken furchtbar, als sich der Grenze Menschenmassen näherten. Sie warteten auf einen Befehl, aber der kam nicht. Nervös hantierten sie mit ihren Gewehren. Was sollten sie damit tun? Am liebsten hätten sie sie hinter ihrem Rücken versteckt, damit keiner sah, dass sie Grenzschützer mit Waffen waren. Endlich ermannte sich ein Oberleutnant und sagte: „Fluten lassen." Und der Schlagbaum ging hoch.

Die ganze Nacht flutete es.

Und die Menschen im Westteil riefen: „Willkommen, Willkommen!" Umarmungen. Geschluchze. Freudengesänge. Getanze auf den Straßen. Ein totaler Verkehrszusammenbruch. Dann, am nächsten Tag, schoben sie sich durch die Einkaufszentren. Staunend. Selig. Jetzt sind wir da, im Schlaraffenland.

Eigentlich hätte man auf der Westseite einen Zettel anbringen müssen: Wegen Überflutung geschlossen.

Und, natürlich, jede Zeitung brachte Sonderseiten mit Fotos vom Ansturm der Menschen und dem fröhlichen Trubel auf den Straßen. Auf einer dieser Seiten war ein Bild abgedruckt, das zeigte einen Mann neben einem Mauerloch, darunter stand: „Klaus Jahnke half mit durch eine Sprengung um Mitternacht."

Schön.

Klaus duschte sich, fönte das Haar, kämmte sich, zog sich fein an, legte das Zeitungsbild gefaltet in seine Brieftasche und ging mit festem Schritt hinüber zum Frisiersalon.

Gaetano Manzoni schlug ihm auf die Schulter.

„Gut gemacht!.. He! Katja! Avanti! Kunde!"

Großartig saß er im Frisierstuhl, bereit zur Audienz, da kniff ihm jemand ins Ohr. Übermütig zog ihn Katja aus dem Sitz in den Damensalon. Und da sah er es: Zwischen den Spiegeln hing ein großformatiges Foto von ihm, dasselbe aus der Zeitung, darunter zwei kleine Fotos, wie er das Loch bohrte und anschließend die Sprengung, diese allein erkennbar als Staubwolke.

Er blickte sich um, ihre Augen trafen sich, seine Augen strahlten. Er machte einen Schritt auf sie zu. Sie zuckte zusammen und sagte hastig: „Und jetzt ans Haarschneiden."

Als sie versehentlich in sein Ohr schnitt, machte sie eine Menge Umstände, rannte hin und her wegen ein paar Blutstropfen, er hatte gar nichts gespürt, er fühlte sich unverwundbar.

Als er ging, entzog sie sich der Umarmung.

Danach lief sie in den leeren Damensalon, setzte sich auf einen Stuhl und brach in Tränen aus.

„Santa Maria", sagte Gaetano. Er spähte durch den Vorhang, der den Herrensalon vom Damensalon trennte. „Was ist passiert?"

„Nichts", sagte sie.

Und stand vom Stuhl auf.

„Man wird sich doch wohl mal schneuzen dürfen!!"

5

Gaetano Manzoni, ehemals Pizzabäcker, von seiner Frau zum Herren-Haarschneider umgeschult, wartete auf Kundschaft. Er tigerte am Schaufenster hin und her und wedelte heftig mit dem Frisiertuch, sobald draußen ein Mann vorbeilief.

Doch keiner würdigte ihn eines Blickes. Geschweige, dass einer stehen blieb und herein kam. Wohin liefen die alle?

Na wohin wohl: zur Party an der Mauer!

Erst murmelte er vor sich hin, dann knurrte er, schließlich redete er laut, als stünde er vor Zuhörern, brach jedoch bald seine Rede ab, weil er keine Antwort hörte. Plötzlich schrie er: „Ja, Frau, so ist es, keine Widerrede! Schweig still oder.."

Drohend zeigte er auf seinen Kopf mit dem Toupet, obwohl seine Frau gar nicht da war. Sie war nämlich hinter dem Vorhang, der den Herrensalon vom Damensalon trennte, und wienerte dort die Spiegel. Natürlich hörte sie sein Geschrei. Trotzig schob sie die Unterlippe vor, als zeige sie den Spiegeln ihre Verachtung.

„Ja, schweig still!" Gaetano stand jetzt sichtbar neben dem Vorhang und betrachtete zornig seine Frau. Er war kleiner als sie, aber beim Reden schien er zu wachsen. „Ich kenne die Männer besser als du! Vorgestern Ausrede. Gestern Ausrede. Und heute: keine Zeit, muss zur Mauer. Was soll das? Was wächst ihnen am Kopf? Mauer oder Haare? Aber wie der Herr wünscht, Ihre Entscheidung, mein Herr! Werden sehen, was passiert!"

Und sich auf die Zehenspitzen stellend rief er:

„Gut! Ich erzähle Geschichte Roms! Untergang kam mit langen Haaren von Germanen. Überall lange Haare – Ende von Rom. Wo lange Haare, Untergang. Altes Gesetz. Bitte sehr.. Schon eine Mauer kaputt!"

„Mann!" Seine Frau war ernsthaft verärgert. „Die Leute tanzen!" Sie näherte sich ihm. In der Hand knüllte sie das Poliertuch. „Und warum tanzen sie?"

„Wer sagt, ich bin gegen Tanz?" Gaetano wich zur Seite, sie ging vorbei, ohne ihn anzusehen. „Was du wieder denkst. Ich rede von Haaren, von langen! Deutsche Männer schneiden sich mit Papierschere Haare. Rasieren sich Glatze. Geiznacken alle!"

„Geizhälse heißt das!"

„Geiznacken alle!", wiederholte er böse. „Und Tanz könnte sein wie Tanz auf Vulkan. Capito? "

Seine Frau begann heftig das Schaufenster zu polieren. Plötzlich hielt sie inne und schaute nach drüben zum Kohlenladen.

Dort lud Klaus Jahnke abgepackte Briketts von seinem kleinen Laster und schleppte sie in den Laden.

Ihr Mann bemerkte es.

„Was du wieder denkst..", murmelte er.

„Na was denk ich?"

„Er ist verknallt, nicht sie, er ... Nicht Tochter! Kein bisschen! Ich weiß es."

Er warf die Hände in die Höhe, holte sie herunter und legte sie flach auf die Brust.

Nachdem er sie betrachtet hatte, als fragte er sich, wieso sie hier gelandet waren, verschränkte er die Arme und sagte würdevoll:

„Unsere Tochter hat Verstand und große Zukunft."

Wortlos ging sie zurück in ihren Salon.

Und er, größter Redner im Hause Manzoni, war drauf und dran etwas Unerhörtes zu tun. Er fuhr sich mit der Hand durchs Haar.

Nur wegen des vorhanglosen Schaufensters beherrschte er sich.

6

„Kommen Sie! Ich zeig Ihnen was." Es war ein Jahr nach dem Mauerfall. Manuel Martens, Großinvestor, glitt vom schwarzledernen Chefsessel. Flink lief er ans Fenster, den Kameramann an der Seite.

Die Interviewerin der Abendschau folgte respektvoll mit zwei Schritten Abstand.

„Sehen Sie.. Da hinten.. Der Poltauer Platz. Da war die Mauer, die ganze Fläche ist jetzt Bauland. Ein riesiges Areal. Da soll das neue Herz der Stadt schlagen. Und wissen Sie was? Es wird ein Herz, das die Welt noch nicht gesehen hat."

Der Kameramann hielt die Kamera voll auf Martens Gesicht.

Wie aus einem Stück Holz war der dunkle Spitzbart geschnitten, die Augen grau und glänzend.

„Und es soll leicht schlagen, mit Kinos, Theater, Einkaufszentren, Unterhaltungsangebote jeder Art.. Die Leute sollen ihre Sorgen vergessen. Wer da müde hineingeht, kommt mit neuer Kraft heraus und wenn er vorher humpelte, so kann er jetzt laufen, wer vorher laufen konnte, kann jetzt fliegen. Die besten Architekten der Welt werde ich beauftragen. Unsere Stadt soll mit New York, Paris, London gleichziehen, ja, und überholen! Sie soll haben, was heute kaum noch eine Stadt hat: mehr Zukunft als Vergangenheit! Und der Platz wird ein Brennpunkt der Zukunft!.. Hm... Wann kann ich den Film sehen?"

„In drei Stunden."

Die Reporterin hatte verschwitzte Hände. Sie wusste nicht, was sie da aufgenommen hatte. Fragen hatte sie nicht stellen können.

So schnell ging alles.

Eine Stunde später saßen im selben Raum am Konferenztisch acht Männer und drei Frauen, alle unter dreißig, die Männer in hellen, sportlichen Anzügen und Halbschuhen aus Wildleder. Gut frisiert, gut gelaunt, mit duftenden Kinnladen.

Die jungen Frauen in Blazer und Rockhosen, schlanke, geschmeidige Gestalten mit glatten Porzellangesichtern. Es war ein Wehen und Summen im Raum wie im Frühling. Martens dagegen hatte seinen Maßanzug abgelegt, trugt jetzt ein schäbiges Jackett, von dem es hieß, er habe es schon als einfacher Bauleiter getragen. Die Taschen waren ausgebeult, die Zipfel hingen tief und wackelten beim Gehen. Er gäbe Trinkgeld nur in Münzform, ging das Gerücht, und er könne an keinem Bettler vorbeigehen, ohne in dessen Büchse eine Münze zu werfen.

Vor das Fenster, durch das er auf den Poltauer Platz gezeigt hatte, war jetzt eine Straßenkarte der Stadt gespannt. Bunte Fähnchen stecken darin. Zurückgelehnt in seinem Sessel tippte er mit einem Zeigestock darauf.

„Die roten sind von der Konkurrenz, diese Grundstücke kriegen wir nicht mehr. Unsere sind blau. Sehen Sie, an dieser Stelle häufen sie sich, das ist die Stadtmitte. Und daneben sehen Sie weiße, die müssen Sie noch bekommen! Egal wie... Bei den gelben geben Sie acht! Hier verhandelt die Konkurrenz schon. Schmeißen Sie sie raus. Wie beim 'Mensch-ärger-dich-nicht'. Sorgen Sie für Sechsen. Wenn nötig, helfen wir nach und kleben etwas auf die Seite, damit der Würfel richtig fällt."

Gelächter.

„Die Unterlagen Ihres Grundstückes liegen vor Ihnen. Fragen? Gut. Dann an die Arbeit!"

7

Zur gleichen Zeit saßen zwei Männer bei einem Schachspiel, der eine war Ben Wander, der andere unser Fotograf Martin Falk. Ben war hochintelligent und obwohl er schon über 30 war, studierte er immer noch Mathematik und Philosophie. Beide wohnten auf derselben Etage des Manzonihauses. Ben in der rechten Wohnung, Martin in der linken.

Einmal in der Woche spielten sie Schach, wobei Martin bisher immer der Verlierer war.

Als er zum ersten Mal das langgezogene Wohnzimmer seines Nachbarn betrat, war er sehr überrascht.

Dunkelheit quoll ihm entgegen wie aus einer Höhle. An den Wänden hingen Teppiche mit orientalischen Mustern und alle in einem Braunton gehalten. Der Fußboden war mit einem dunkelblauen Teppichboden ausgelegt, lautlos war jeder Schritt. Die hohe Decke, typisch für die alten Mietshäuser der Stadt, war blau gestrichen. Vom Fenster mit Blick auf die Straße – es war das einzige Fenster – kam durch eine nicht mehr ganz so weiße Gardine gedämpftes Tageslicht und fiel auf einen mit Büchern und Papieren gefüllten Schreibtisch, davor an der Wand ein kleiner Holztisch mit einem spielbereiten Schachspiel.

Eines Nachmittags war es mal wieder so weit. Ben, in einem Norweger-Pullover und hellbrauner Cordhose, saß in einem Ohrensessel, den er sich vom Sperrmüll besorgt hatte.

Ihm gegenüber Martin, versunken in einem abgewetzten Ledersessel, er zwirbelte einen Bauern ratlos zwischen den Fingern.

„Was fühlst du jetzt?" murmelte Ben.

„Ich? Durst."

„Dann trink, da steht ja die Wasserflasche. Ich meinte, was fühlt deine Hand mit der Schachfigur."

„Na Holz, glattes Holz."

„Irrtum. Illusion. Du hältst nichts in den Fingern. Die Figur ist nichts und du bist nichts. Das ganze Universum ist nichts. Und warum? Alles besteht aus Atomen und Atome sind nichts Festes, nur Energie."

Durch eine Unachtsamkeit verlor er seine Dame.

„Sieh mal an. Verschwindet einfach, wie Julchen."

Bis vor einer Woche waren sie noch ein Paar, sie wohnten zusammen,. Dann zog sie plötzlich aus. Als einzigen Besitz aus der Wohnung nahm sie einen riesigen Stoffbären mit, den sie wie einen Schutz an sich drückte, als sie die Wohnung verließ. An der Haustür begegnete ihr Frau Manzoni. Sie versuchte etwas zu sagen, brachte aber keinen Ton heraus, Frau Manzoni verstand sofort, sie nickte: „Schon gut. Ich weiß schon." Und die junge Frau ging davon, ohne ein Wort zu sagen.

Leise und rhythmisch wie das Pendel einer Uhr kam Bens Stimme:

„Hüte dich vorm Sex, Martin. Ein bisschen Chemie, ein kleiner Hormonstoß und du bist nicht mehr du selbst. Wir sind aber geistige Wesen und unsere Aufgabe ist, den

Durchbruch in die wahre Wirklichkeit zu schaffen. Ich sagte ihr das. Sie hat das nicht verstanden. Sie dachte, ich mache Spaß."

Seine Hand rückte den Läufer ein Feld weiter, begleitet vom Gemurmel seiner Stimme:

„Ich fragte sie, ob sie mit mir die Mauer durchbrechen wollte. Die Buddhisten können das.."

Plötzlich drehten sich seine Augen nach oben und zeigten das Weiß des Augapfels.

„The Wall", flüsterte er. „The Wall von Pink Floyd. Das musst du dir anhören! Und dann stell dir vor, du erkennst, unser ganzes Universum ist in Wirklichkeit nur eine Ansammlung von Atomen in der Hautzelle einer Ratte in einem anderen Universum.."

Martin rückte mit seiner Dame dem gegnerischen König immer näher. Ben achtete nicht darauf.

„Und das geht immer so weiter, eine unendliche Kette von Universen. Und doch ist alles nichts, überall ist Leere, Leere.." Er warf einen kurzen Blick auf das Schachspiel. Mit einem Finger kickte er seinen König um.

„Gratuliere. Du hast gewonnen."

Er stand auf und zog Martin an den Händen hoch, der ungläubig auf die Figuren starrte.

„Geh jetzt. Es ist Zeit. Übrigens: Ich hab da was... Warte."

Er trat ins Dunkel, kam zurück mit einem schmalen Buch. „Lies das!"

Es waren mit Schreibmaschine beschriebene Blätter, geheftet in einen blauen Kartonumschlag, darauf stand: „Materie und das Nichts. Von der Transzendenz des Wirklichen."

„Meine Doktorarbeit. Gerade fertig geworden.", flüsterte er. „Es sind nicht Rechnungen der Metaphysik. Das Ergebnis meiner Rechnungen ist eine Zahl, aus Atomen geschrieben.", raunte er, „Wer sie findet, löst alle Rätsel der Welt." Plötzlich lachte er auf. „Und wir sind nichts als Wiedergeburten aus einer Flut von Atomen. Martin, lies es und du wirst sehen!"

Darauf schob er ihn durch die Tür ins Treppenhaus. Martin hörte noch, wie er abschloss.

Mehr benommen als verwirrt ging er in seine Wohnung. Er bewunderte Ben wegen seiner hohen Intelligenz – es war ihm noch nie gelungen, ihn beim Schachspiel zu schlagen, bis auf heute Abend. Und so sonderbar hatte er ihn noch nie erlebt.

Noch im Bett grübelte er. Pink Floyd, Atome, die Hautzelle einer Ratte, Lösung aller Rätsel. Und er würde es sehen.. Was denn? Steht das im Buch?

Er knipste die Nachttischlampe an und holte die Doktorarbeit. Zehn Minuten später hatte er alles um sich vergessen. Mehrmals stand er auf, lief vor dem Bett auf und ab und klatschte in die Hände, so aufgeregt war er. Und als er an die Stelle kam, wo es hieß:

„Da alles aus Atomen besteht und Atome keine Substanz haben, bedeutet das, alles ist nichts, und doch existieren wir aufgrund der Energie, und das ist unser Geist, mit dessen Hilfe wir die irdische Existenz durchdauern wie eine Verpuppung, es ist die Verwandlung zur höchsten Entwicklungsstufe unseres Selbst..

Eines Tages werden sich unsere Atome aus ihrer Ordnung lösen und mit anderen Atomordnungen eine neue Ordnung bilden, und aus einer Null wird eine Eins, dann werden wir nichts mehr wollen, nichts mehr begehren, nichts mehr benötigen. Es ist die äußerste, absolute Vereinigung alles Seienden, und wir werden sagen können: Einst waren wir nichts, jetzt sind wir alles."

Da stand der Fotograf mitten im Zimmer geradezu in Flammen, seine Pyjamahose war ihm auf die Füße gerutscht. In seinen Ohren brauste es, seine Augen sahen nichts, und doch hätte er in diesem Augenblick das komplette Bürgerliche Gesetzbuch mit einem einzigen Wort ausdrücken können.

Er wollte sofort zu Ben hinüber rennen. Doch es war drei Uhr morgens. Wieder im Bett las er weiter. Er verschlang das Buch.

Vielleicht war es auch umgekehrt.

8

Der Radiowecker zeigte 10.18, als ihn ungewöhnliche Geräusche im Treppenhaus weckten. Er spähte durch den Türspion. Mit zwei Polizisten stand Frau Manzoni vor Bens Wohnungstür und versuchte die Tür zu öffnen. Offenbar fand sie nicht sofort den richtigen Schlüssel am Schlüsselbund. Endlich hatte sie ihn und öffnete die Tür. Mit einem Polizisten ging sie hinein, der andere blieb vor der Tür stehen.

Nach nicht einmal einer Minute kam sie heraus, stürzte ohne einen Blick an Martin vorbei, der, barfuß und im Schlafanzug, in seiner offenen Tür stand. Er wollte sofort hinüber in Bens Wohnung, der Polizist verwehrte ihm den Zutritt. Wenig später wusste das ganze Haus, was passiert war.

Voll Blut sei das Badewasser gewesen. Und Ben lag darin mit aufgeschnittenen Pulsadern. Wie sich herausstellte, hatte er am Tag davor noch vier Briefe zur Post gebracht: einen an Frau Manzoni, einen an die Uni, einen an die ehemalige Freundin und einen an seine Familie in Friesland.

Die kamen schon am nächsten Tag. Schweigend gingen seine Mutter und seine beiden Brüder durch die Wohnung, öffneten Schränke, befingerten die Wandteppiche, zogen Schubladen auf. Dann sagte die Mutter zu Frau Manzoni: „Sie können alles abholen lassen. Und schicken Sie mir die Rechnung."

Zwei Tage lang verließ Martin seine Wohnung nicht. Ben hatte ihm seine Doktorarbeit vermacht, und das hatte eine Bedeutung!

Und er las und las und begriff, woraus die Welt gemacht ist: aus Atomen und aus dem leeren Raum zwischen ihnen und daher ist alles ein Nichts, denn schließlich sind die Atome keine Materie, sondern Energie und sonst gar nichts. Ein Nichts ist das, was wir sehen, und wir selber sind ein Nichts, denn alles ist ein Nichts.

Ab und zu trank er aus der Wasserflasche, aß aber nichts. Er lag im Bett, glotzte an die Zimmerdecke oder vollführte sonderbare Handlungen.

Immer wieder betrachtete er seine Hände von allen Seiten, sogar mit der Lupe. Dann begann er mit der rechten Hand über die Bettdecke zu streifen, mal direkt am Stoff, mal mit etwas Abstand. Dann stierte er auf die Bettdecke, dann wieder auf seine Hand.

Einmal trat er an die Wand und fuhr mit den Händen über die Tapete. Hatte er eine neue Art des Staubwischens entdeckt? Oder war er erblindet?

Nein. Er war nicht blind. Es war auch kein Staubwischen.

Er drückte die Fingerspitzen gegen seinen Bauch. Nahm einen Teelöffel und presste ihn in die Handfläche. Er lief mit einem Messer in den Flur. Er wird sich doch nicht..? Nein, er setzte die Messerspitze auf den Garderobenspiegel, knirsch, kling, Messer kaputt, Kratzer im Spiegel.

Endlich schien er gefunden zu haben, was er suchte. Auf seinem Gesicht im Spiegel verbreitete sich ein Lächeln, er begann zu kichern und auf einmal lachte er schallend.

Man muss sich das mal vorstellen: Der ihm das Buch geschenkt hatte, hatte sich umgebracht, er aber lachte und er lachte so heftig, bis Tränen über seine Wangen liefen und er vor Erschöpfung auf das Sofa sank und einschlief.

9

Und wieder ein Tag in der Straße, der zweite nach dem tragischen Ereignis mit Ben. Bis jetzt hat Martin nichts gegessen, endlich spürt er Hunger und ist auf dem Weg zum Bäcker. Er geht wie im Traum. Er kommt nicht weit.

Ein Arm schnellt aus dem Eingang des Friseurladens, krallt seine Schulter und eine Stimme dröhnt:

„He! Haare lang, schneide kurz."

Das ist Gaetano Mazoni. Er hat die Nase voll. Es werden immer weniger Kunden. Gestern kam kein einziger. Und heute?

Da greift er sich einen, und wenn es ein unschuldiger Mieter des Hauses ist.

Und jetzt sitzt Martin unter seiner Schere. Der sieht sich im Spiegel und muss kichern. Da ist er schon wieder! War er nicht gerade oben im Spiegel? Ja, wenn man nichts ist, kann man überall sein.

Der deutsche Sizilianer ist in Bestform. Dreht sich, hüpft von einem Bein aufs andere, wiegt sich in den Hüften.

Ein Künstler, auch wenn es nur ums Haarekürzen ging. Ohne Zuschauer macht es nicht so viel Spaß. Er ruft nach seiner Tochter.

Ist nicht da, dafür kommt seine Frau. Sie ist voller Unruhe und auf eine seltsame Art gereizt. Der Selbstmord in ihrem Haus ist nicht gut für die Reputation.

„Was ist los?"

„Nicht du!" spricht Gaetano durch die Zähne. „Katja!"

„Ist nicht da. Nimmst du ihm nicht etwas zu viel weg?" Sie kommt nah an den Frisierstuhl, drückt ihren Schenkel gegen Martins Knie, mit der linken Hand fasst sie an seinen Nacken. „Da, meine ich."

Gaetano stößt ihre Hand weg.

„Aua!" schreit sie. Und dann sagt sie ganz ruhig zu Martins Spiegelbild, indem sie ihren Busen auf seinen Kopf legt: „Er hat wieder mal die wunde Stelle getroffen. Ich hab nämlich Rheumatismus in den Fingern. Ganz heiß sind sie. Fühlen Sie mal!"

Sie hält Martin die gespreiztem Finger vors Gesicht.

Bevor Gaetano eingreifen kann, fasst Martin sie mit der linken Hand, mit der rechten streichelt er jeden einzelnen Finger.

„Das ist nichts", flüstert er, „gar nichts. Atome, Energie, nichts als Leere."

Und beginnt mit der Zunge erst den Finger zu lecken, dann stülpt er seinen Mund über alle Finger und lutscht.

Erschrocken zieht Frau Mazoni ihre Hand weg. Sie stammelt:

„Ich.. ich hab zu tun. Die Kundin wartet."

Sie huscht in den Damensalon, doch da ist keine Kundin.

„Was war das, he?" schreit ihr Mann. Er meint seine Frau, aber Martin antwortet: „Nichts. Sagte ich doch. Alles Illusion."

Was? Illusion? Was will ihm der Kerl weismachen?

Die Schere klappert, kommt dem Ohr immer näher, noch näher, noch näher.

Und plötzlich ist seine Frau wieder da. Sie hat sich ein bisschen aufgehübscht.

„Martin!", flötet sie. „Lieber Martin! Was haben Sie bloß mit mir gemacht. Seit Wochen das erste Mal ohne Schmerz!"

„Ja?" Martin wundert sich. Er denkt nach, nickt. "Atome. Klar. Waren durcheinander. Sind wieder geordnet.."

„Wunderbar", haucht sie. „Was sind Atome?"

„Eh?" Gaetano wippt auf Zehenspitzen. „Was?"

„Das siehst du doch!" Seine Frau kommt in Fahrt. „Eine Wunderheilung! Er hat eine Wunderhand! Martin, bitte.. Auch hier im Fuß.. im großen Zeh."

Sie trägt Sandalen und keine Strümpfe. Sie hebt den Kittel und legt ihren nackten Fuß auf Martins Knie.

Ihr Mann reißt sie weg und dann die Tür auf, weil gerade Frau Stolze kommt.

Die sieht heute gar nicht gut aus.

„Migräne!" flüstert sie. „Kopfmassage, Tina, bitte.. Wie immer.."

„No!" Gaetano schlägt sich auf die Brust. „No! Diesmal haben wir Besseres. Viel Besseres! Einen Wunderheiler! Hier, junger Mann hat das Rheuma weggenommen aus den Fingern von meiner Frau. Einfach so. Mit der Hand." Mit drohendem Unterton und mit Blick auf seine Frau wiederholt er: „Jawohl! Mit der Hand! Fragen Sie selbst!"

„Wirklich?"

Frau Stolze sieht zu Frau Mazoni, die blickt in die finsteren Augen ihres Mannes. Sie ist nicht amüsiert, im Gegenteil, aber wenn er ein Theater will, bitte. Soll er haben.

„Aber ja. Mein Rheuma ist weg. Er hat bloß meine Finger berührt... und jetzt.. Sehen Sie." Sie spielt einhändig Luftklavier und lächelt entzückt. „Kein Schmerz. Kein bisschen!"

Gierig sieht Frau Stolze Martin an, der wiederum scheint seine Hand von allen Seiten zu studieren.

„Atommagie!" Mit dem Frisiertuch verhaut Gaetano den ledernen Sitz des freien Frisierstuhles. „Setzen Sie sich... Eh! Martin! An die Arbeit! Avanti! Wunderheilung!"

Er zieht Martin aus dem Stuhl und bugsiert ihn rüber zu Frau Stolze.

Zuerst legt Martin die linke Hand auf die heiße Stirn von Frau Stolze. Sofort hört das Stöhnen auf. Verblüfft hebt er die Hand. Schaut sie an.. Nichts zu sehen. Aber... Ja.. Da kribbelt was in ihr. Jetzt die andere. Das gleiche! Und dann legt er los. Beide Hände fliegen über Frau Stolzes Schläfen zum Nacken, an den großen Ohrläppchen vorbei und wieder hinauf zur Stirn. Satellitenlaufbahn. Mondumrundung. Kometenflug... Alles bloß Atome.

Jetzt überkommt es Martin. Etwas Angestautes entströmt ihm und seinen Händen. Wie Schatten fliegen sie hin und her, vom Nacken zur Stirn, von der Stirn zum Nacken. Und plötzlich passiert göttliches Theater:

„Weiter! Weiter! Mir wird ganz leicht", schreit Frau Stolze, „ja! Weiter! ...Halleluja! Halleluja! Der Schmerz ist weg! Er hat es geschafft."

Sie sinkt zusammen und lacht tirilierend.

Gaetano: „Eh.. Wirklich?"

Immer dieselbe Stelle.

Frau Stolze erhebt sich: „Herr Doktor, Sie haben mich geheilt!"

Martin beäugt seine Hände: „Echt?"

Frau Stolze nimmt seine rechte Hand und küsst sie: „Was muss ich zahlen?"

Martin: „Nichts. Auch Geld ist nichts."

Wieder betrachtet er seine Hände, eine nach der anderen, diesmal mit Verzückung.

Und dann ist ihm, als höre er eine Stimme, die ihm befiehlt: „Sprich mit ihnen! Sag ihnen die Wahrheit! Du weißt sie!" Und er legt los: „Das ist alles wissenschaftlich. Alles besteht aus Atomen! Und Krankheit ist bloß ein Durcheinander von Atomen, man muss sie ordnen... Ich.." Er lauscht nach innen. „Was? Ach ja... Ich bin nämlich aus der Zukunft", seine Stimme gewinnt Fahrt, „da weiß man längst Bescheid. Ich.." Wieder unterbricht er sich, hört in sich hinein. „Genau!" Und eine neue Stimme erklingt aus ihm, die Stimme eines Künders: „Ich bin nämlich wiedergeboren in die Vergangenheit, um euch zu heilen. Ich", strahlt er sie an, „ich bin ein Atomdoktor und mein Auftrag ist, die Menschheit zu heilen."

„Eh?"

Gaetanos Augen irren von einem zum andern. Frau Manzoni tippt sich an die Stirn. Frau Stolze nickt eifrig mit dem Kopf, jetzt kann sie ja wieder.

„Er hat in Trance gesprochen."

„Jetzt muss ich aber gehen..", murmelt der Wunderheiler, plumpst in einen Stuhl und pennt ein.

Frau Stolze: „Also wie viel?"

Frau Manzoni im ärgerlichen Tonfall: „Er hat doch 'nichts' gesagt."

Frau Stolze: „Also hören Sie mal! Was gut ist, kostet auch was. Darin versteh ich keinen Spaß."

Frau Manzoni: „Er will aber kein Geld."

Gaetano zu seiner Frau: „Kein Geld, aber Spende." Zu Frau Stolze: „Spende, so viel Sie wollen."

Frau Stolze zieht einen Schein aus der Geldbörse.

Er nimmt ihr den Geldschein aus der Hand, stopft ihn in die Kitteltasche.

Frau Stolze mit einem Blick zum schlafenden Wunderheiler: „Der ist erschlagen, was. Ich hab seine ganze Atomenergie abgekriegt... Sensationell .. Ein Wunderheiler!"

Frau Manzoni in strengem Tonfall:

„Das bleibt aber unter uns, Frau Stolze! Kein Wort an die Leute!"

„Versteht sich."

„Kein Wort! Zu keinem!"

„Jaja, ich schweig wie'n Grab."

Verträumt überquert Frau Stolze die Straße.

Mit den Augen eines Neugeborenen blickte sie in die Gegend.

Glücklicherweise kommt gerade kein Auto. Und sie denkt: Na, wenn das keine Sensation ist!

Frau Manzoni blickt ihr nach, dann schließt sie die Tür zu und zieht die Jalousie herunter. Sie muss ihrem Mann die Leviten lesen.

„Du gibst ihr noch heute das Geld zurück! Kapiert?"

Ihr Mann greift sich an den Kopf.

„Lass das! Das ist schon das dritte in diesem Jahr!"

Zu spät. Er schleudert sein Toupet auf den Boden. „Da! Da hast du!" Er trampelt darauf herum. „Du untreue Person! Vor meinen Augen! Knutscht mit Martin!"

Sie fischt nach dem Haarteil zwischen seinen Füßen.

„Weg! Ich zertrete dich!"

„Nicht! Das ist nichts!" erklingt eine Stimme von hinten. Die beiden Streithähne verstummen erschrocken. Der Wunderheiler richtet sich auf, blickt drohend um sich. „Versteht doch! Geld ist nichts."

Und schläft wieder ein.

Gaetano holt den Geldschein aus der Kitteltasche, sieht ihn an.

„Setz dich.", befiehlt seine Frau, er setzt sich in dem Frisierstuhl neben Martin.

Sie zupft das Toupet zurecht.

Noch immer betrachtet ihr Mann den Geldschein. Sie will ihm den Geldschein wegnehmen, er steckt ihn zurück in die Tasche, sie drückt ihm das Toupet auf.

„Einmal sterbe ich", brummt er, „und du bist schuld."

„Aber zuvor kriegt sie das Geld zurück.."

Sie küsst flüchtig seine Glatze. Und gerade in diesem intimen Augenblick donnert es an der Ladentür.

Kundschaft!

Als Gaetano die Tür aufschließt, wird ihm sofort klar: Der Kunde hat Glatze, Haarkunst fällt aus, also ist Heilkunst gefragt. Tatsächlich zeigt der Mann auf seine rechte Schulter: Da sticht es!

Gaetano rüttelt Martin wach, seine Frau kann das nicht mit ansehen, sie flieht in den Damensalon, bleibt aber hinter dem Vorhang stehen, während Martins Hände wie wild gewordene Vögel um die Schulter des Mannes flattern, dabei flüstert er, spricht dann laut und dann noch lauter, plötzlich schlägt er auf die schmerzende Schulter des Mannes, der springt hoch wie von einer Nadel gestochen und brüllt:

„Jetzt hat's geknallt!"

Und Martin plumpst in den Frisierstuhl daneben und schläft sofort ein.

Frau Manzoni kommt hinterm Vorhang hervor, Triumph in der Stimme:

„Na bitte.. Immer noch Schmerzen!"

„Quatsch!" widerspricht der Mann. „Kein Stechen mehr. Das warn dem seine Atome, genau hier. Ham Sie's gesehen? Da war blaues Licht, wie'n Blitz."

Er bewegt die Schulter.

„So was! Alles weg."

Sie ist nicht überzeugt:

„Drehn Sie mal den Arm."

Der Mann wirbelt den Arm wie einen Propeller.

„Wie geschmiert. Die Stolze hat die Wahrheit gesagt. Ein Wunderheiler.. Gratuliere. Und bloß ne Spende, was?"

„Ab zwanzig ist es Spende." bemerkt Gaetano.

„Na", sagt der Mann, „bei mir is ne Spende bis zehn" und gibt ihm einen Schein.

Während er seine Jacke anzieht, fragt er: „Wann sind dem seine Sprechstunden?"

„Von 15 bis 18 Uhr. Außer Samstag und Sonntag.", antwortet Gaetano.

„Jut! Ich sag's weiter.."

Der Mann marschiert aus dem Laden.

Und jetzt sinkt seine Frau in den Friesierstuhl neben den tief schlafenden Martin.

„Ich versteh das nicht! Das gibt es nicht!"

„Ist Wunder, cara mia."

Zwei Kunden in zehn Minuten. Wenn das kein Wunder ist!

„Ich will das nicht hören!" schreit Frau Manzoni.

Und plötzlich, wie bei einem Filmschnitt, steht ihr Mann kerzengerade, er holt Atem, seine Brust schwillt, er hebt cäsarisch die rechte Hand und spricht:

„Schweig still, Frau! Das ist Wunder! Italien kennt Wunder! Seit tausend Jahren! Und in Sicilia Wunder noch hundert Jahre mehr. Ich, Gaetano Manzoni, bin Siciliano und Fachmann für Wunder! Lo dico: Vormittag ist Frisiersalon, Nachmittag ist Wunderheilung. Du, mecker nicht! Andiamo! Ohne Scheiß kein Preis!"

„Ohne Schweiß" heißt das.

Sie hatte nicht mal mehr Kraft, ihn zu korrigieren.

Aber vielleicht hatte er sich auch bloß versprochen oder sie hatte sich verhört, doch dann mit gutem Grund.

Marin schlief noch immer.

Sie brachten ihn ins Bett, mussten ihn aber schon nachmittags wieder wecken, weil Kunden nach dem Atomdoktor verlangten. Rasch servierte ihm Frau Manzoni ein Essen zur Stärkung, und dann ging es los mit der Atomdoktorei.

10

Jeden Nachmittag verwandelte Gaetano die Damenabteilung des Frisiersalons „Tina Manzoni" in den Behandlungsraum des Atomdoktors. Vor jedem Frisierspiegel platzierte er eine blaue Duftkerze mit Lavendelduft. Dieser Duft übe auf Atome eine beruhigende Wirkung aus und das beschleunige die Heilung, behauptete er. Bei

Bienen hätte man das beobachtet. Und sind Bienen nicht wie Atome?

Auf einen bis zu den Füßen durch einen fliederfarbenen Tuch verhüllten Tisch stellte er rote Rosen und einen zweiarmigen Kerzenhalter aus Messing mit weißen Kerzen, an den Kerzenhalter lehnte er ein verglastes Farbbild: die Darstellung eines Atoms mit seinen Elektronen, sauber heraus geschnitten aus einer Fachzeitschrift.

Zwischen die beiden Frisierspiegel heftete er ein Tierkreiszeichenposter. Dafür entschied sich Gaetano weniger aus Überlegung als aus dem Bauchgefühl heraus. Ein Frisierstuhl war mit einem gelben Bettlaken abgedeckt, im anderen hatte der Patient Platz zu nehmen. Der Doktor stand bei der Behandlung hinter dem Stuhl und der Patient bzw. die Patientin konnten seine Heilkunst im Spiegel verfolgen. Meistens kamen Frauen.

Martin berührte sie mit den Fingerspitzen erst am Nacken, dann am Kinn, an den Brauen, anschließend ließ er die Hand über ihre Stirne schweben, hob sie über den Haarschopf, senkte sie sacht, und alles geschah in so feierlicher Stille, dass die Frauen keinen Piepser herausbrachten, ja, dies und ihr eigenes Schweigen tat ihnen so gut, dass sie ungewollt lächelten, und als Martin zum Abschluss sagte: „Nichts! Keine Sorgen.. Keine Angst.. Es ist alles nichts..", lagen sie ihm geradezu zu Füßen.

Anders Gaetano, seine Worte waren zwar ein Widerspruch, aber sie stellten das Gleichgewicht her, das zum Leben auf unserem Planeten nötig ist.

Zu den Damen gewandt, sagte er respektvoll und in wunderbarem, auswendig gelerntem Deutsch:

„Der Meister nimmt kein Geld. Niemals. Er bekam ein großes Geschenk aus anderer Welt und schenkt die Gabe weiter an die Menschheit. Aber Spenden für den Bau einer Klinik sind ihm herzlich willkommen. Bitte mir übergeben."

Er streckte die Hand hin, die Scheine steckte er in die Kitteltasche.

Nein, was für ein sympathischer junger Mann, der Atomdoktor. Fröhlich verließen die Damen den Frisiersalon. Ach, Kindchen, was haben wir zu erzählen!

Frau Manzoni war während der Behandlung in die Wohnung verschwunden, so dass ihr Mann den Wunderheiler ungestört belehren konnte:

„Hör mal zu, du. Was du denkst: Geld ist nichts! Was ist Arbeit ohne Geld? Sollen sie denken, du bist Betrüger? Hattest du Arbeit? Ja, hattest du. Viel Arbeit! Und war die gut? Also!"

Von oben ertönte Frau Manzonis Stimme.

„Martin, Ihr Abendbrot ist fertig."

Sie hatte kurz überschlagen, wie viel Kunden heute gekommen waren, und sofort stieg ihre Stimmung.

Zu ihr hinauf in die Wohnung führte aus dem Frauensalon eine hölzerne Wendeltreppe. Und die musste Martin jedes Mal benutzen. Die Müdigkeit stieg mit. Beim Aufstieg schien sich die Welt zu drehen. Und dann erlebte er oben sein eigenes Wunder.

Durch ein Fenster mit geklöppelten Gardinen kam die späte Nachmittagssonne, und ein runder Tisch, beladen mit Schrippen, Butter, Schinken, weichgekochten Eiern, Käse und Bier, stand in einer goldenen Wolke.

Frau Manzoni nickte ihm zu.

„Nur zu. Das haben Sie verdient."

Und nach kurzem Nachdenken: „Weißt du was? Wir duzen uns jetzt. Einverstanden?"

Brav setzte er sich.

Er war mit allem einverstanden.

Und sie eilte hinunter, um das, was sich in der Kitteltasche ihres Mannes befand, in die Kasse zu befördern.

Plötzlich öffnete sich hinter Martin eine Tür.

Katja, die erst um Mittag von einer nächtlichen Party heimgekommen war und bis jetzt geschlafen hatte, kam im kurzen Nachthemd und gähnend aus ihrem Zimmer, ließ sich auf einen Stuhl fallen, blickte düster auf den gedeckten Tisch, dann auf Martin und sagte: „Bin ich in Ihrer Wohnung oder in meiner?"

Sie bekam keine Antwort.

Er war eingenickt, mit einer Schinkenschrippe in der Hand.

11

Martin war überzeugt, von Ben Wander die Gabe des Heilens erhalten zu haben. Und das musste er tun, das war er ihm und den Menschen schuldig. Und Gaetano übernahm die Organisation, denn die Patienten standen Schlange.

Er ließ für Martin Visitenkarten mit der Berufsbezeichnung „Atomdoktor" drucken. Zu dessen Schande müssen wir mitteilen, dass er die Karten nicht bei sich trug, sondern in eine Schublade steckte und dort vergaß. Des weiteren nagelte Gaetano ein Namensschild an die Wohnungstür von Martin mit dem Zusatz „Atomdoktor".

Martin übersah das.

Anfangs galt es, Frau Manzoni möglichst aus dem Weg zu gehen, sie konnte auf eine zersetzende Art Zweifel äußern oder Bedenken vortragen, die schon an krankhaften Pessimismus grenzten, aber schließlich war gegen den Ansturm der Kunden nichts zu machen. Viele kamen aus Neugier, doch wenn sie dann sahen, was da geschah, verlangten auch sie eine Heilung. Wer hätte das Herz gehabt, ihnen diese zu verweigern?

Aber an einem Punkt musste sie eingreifen. Sie bestand darauf, dass ihr Mann die Patienten vorher prüfe, nicht körperlich, wie er zuerst geglaubt hatte, sondern durch einen Fragenkatalog. Denn Patienten mit Leiden wie Beinbrüchen oder ähnlichen Gebrechen mussten leider abgelehnt werden. Warum? Die Antwort gab Gaetano: Eine Heilung solcher Leiden, so ließ er verlauten, würde den Atomarzt so viel Kraft kosten, dass für andere Patienten nichts mehr übrig bliebe.

Unordentliche Atome in Reih und Glied zu bringen, sei schon anstrengend genug, aber Atome, die wie aufgescheuchte Hühner herumrennen, einzufangen und auf ihr zuständiges Nest zu setzen, das verlange ganz andere Kräfte, da möge man sich doch per favore an einen anderen Heiler wenden. Und er schlugt demütigen Blickes ein Kreuzzeichen.

Ja, man kann sagen, Gaetano wurde in Sachen „Wunder" zu einem Fachmann, wie es selbst in ganz Italien keinen zweiten gab.

12

Nach dem Abriss der Mauer kamen die Bagger und hoben auf dem größten unbebauten Areal der Stadt eine riesige Grube aus für den Bau von drei Türmen. Wer so grandios baut, muss – auch wenn er von kleiner Gestalt ist – ein großer Mann sein, und das war er auch, wir kennen ihn, Martens ist sein Name, und er hatte ein schönes Ziel für die Stadt: Sie sollte Europas Metropole werden. Der Oberbürgermeister war begeistert. Der Bausenator war begeistert. Die Städter waren begeistert.

Alle nahmen großen Anteil am Baufortschritt und so beauftragte eine Tageszeitung den Fotografen Martin Falk, einmal in der Woche Fotos vom Istzustand des Poltauer Platzes zu liefern.

Und der machte es gerne. Zwar bestand seine Hauptaufgabe mittlerweile darin, Wunderheiler zu sein, aber er mochte seinen alten Beruf und was ihm damals Arbeit war, empfand er jetzt als pure Entspannung. Atome zu bewegen, das hatte sich als ein Stressberuf herausgestellt, daher musste die Praxis manchmal zur Erholung des Arztes um Stunden gekürzt oder ganz abgesagt werden. Aber keine Sorge! Atome verschwinden nicht, die kann man auch morgen noch kommandieren!

Und da steht er nun, der Fotograf, mitten in der Baugrube auf dem sandigschlammen Urgrund der Stadt.

Da oben, was ist das? Die Sonne blendet, er sieht nur Schwarzflimmriges. Etwa Flugechsen? Es ertönt ein Gekreisch, er duckt sich, wusch, saust was Dunkles über ihn hinweg, wusch, noch mal. Schatten sind es. Schatten von Urviechern stürmen heran, jagen an blendend weißen Betonwänden hinauf und kippen weg ins Nichts. Um ehrlich zu sein, es handelt sich um Kräne, sie schwenken mal da hin, mal dort hin, schnappen sich Beute, ziehen sie hoch, schleppen sie durch die Luft und setzen sie ab, irgendwo im Nichts.

Gerade fliegt am Himmel ein Bündel Moniereisen vorbei. Jetzt müsste er schießen! Er reißt die Kamera hoch und drückt ab. Gelungen.

Wenig später hatte er genug im Kasten. Er stieg die Grube hoch, um im Baubüro seinen Bauhelm abzuliefern, da hörte er das Gebrüll des Bauleiters. Er sah in dessen Richtung und fand den Bauleiter im Streit mit einem alten Mann. Den hatte er am Mantel gepackt und redete wütend auf ihn ein.

Martin ging auf die beiden zu. Der Alte bemerkte ihn und stöhnte auf. Auch der Bauleiter sah ihn jetzt.

„Hau ab, Mann. Das geht dich nichts an!" schrie er.

Was Martin jetzt tat, geschah aus professioneller Routine. Später meinte er jedoch, wie unter einem Zwang gehandelt zu haben: Er schoss ein Foto. Und dann noch zwei, drei..

„Du Arsch! Was machst du da!" Das Gesicht des Bauleiters war knallrot angelaufen, der braune Streifen Sand über seiner Oberlippe war nass vom Schweiß. „Fotos vom Bau sollst du machen!"

Jedenfalls ließ er den Alten los.

„Ist bloß fürs Archiv", sagte Martin. „Der sieht so komisch aus." Der Alte hatte den Kopf zur Seite gelegt und schielte ihn an. „Was will der eigentlich?"

„Meinen Helm, verdammt noch mal. Hinter jeden weißen Helm ist der her!"

„Und warum?"

„Darum!"

Der Bauleiter nahm seinen Helm ab und hielt ihn dem Alten vor die Nase. Der krallte ihn, stierte hinein, kramte mit der Hand darin herum, schnaufte kräftig, warf einen wilden Blick auf Martin und gab den Helm zurück. Das linke Bein nachziehend schlurfte er in Richtung Baustelleneinfahrt.

„Der baut mir noch mal nen Unfall, der Verrückte. Mir reicht's, das werd ich melden."

„Noch was?"

„Der Helm." Martin überreichte ihm seinen Helm. „Irgendwie kommt mir der Alte bekannt vor."

„Kein Wunder. Das war der Bindig."

„Bindig? Gustav Bindig? Der Bauunternehmer?

„War er. Nu isser gaga."

Zwei Stunden vor Ablieferungstermin der Fotos in der Redaktion prüfte Martin mit der Lupe die Abzüge. Als er zu denen mit dem Alten kam, stutzte er. Auf einem davon sah der Alte direkt in die Kamera und zwar so intensiv, dass man sich nur schwer aus dem Sog des Blickes lösen konnte.

Martin vergrößerte das Foto und nahm auch davon ieinen Abzug mit in die Redaktion.

Statt des Lokalredakteurs saß eine Vertretung am Computer. Eine junge Frau mit schwarzen Haar. Sie tippte so heftig auf die Tastatur, dass es wie Klavier spielen aussah, dabei schwankte ihr Kopf und die Haare flogen.

Martin verspürte den Drang, die Hand auf ihren Nacken zu legen, um sie zu beruhigen.

Er beherrschte sich.

Sie hatte etwas hinter sich bemerkt und drehte sich um. Ihn traf ein dunkler, drohender Blick.

„Na, was ist?"

Zornig zog sie die Brauen zusammen, was an sich schon lustig aussah, jedenfalls nach Martins Meinung. Aber besonders komisch war ihr Mund: er war zu breit für das kleine spitze Kinn, und was die Frisur betraf, so darf man sie ebenfalls als witzig bezeichnen: Sie trug die Haare links gescheitelt, das linke Ohr lag völig frei, das rechte dagegen verschwand unter einem Schwall Haare.

Die Augen waren so tiefbraun, dass er kaum die Pupillen erkennen konnte.

„Na, was ist?" wiederholte sie.

„Die Baufotos vom Poltauer", murmelte er.

„Legen Sie sie hin."

Sie drehte sich wieder zum Bildschirm.

„Da ist auch noch eins von einem. War mal Partner von Martens."

„Der Bindig?"

Rums! Mit den Knien an sein Bein geprallt.

„Pardon. Der mit der Pleite und dem Schlaganfall? Zeigen Sie mal her. Tatsächlich, das ist er. Sah schon mal besser aus..Und was macht der auf der Baustelle?"

„Der hat ne Macke. Ist hinter weißen Helmen her.. Dauernd kreuzt er auf und will von den Bauarbeitern ihre weißen Helme haben."

„Irre.. Legen Sie die Fotos hin, ich knöpf sie mir nachher vor."

Und schon tippte sie wieder drauf los.

Er überlegte, ob er noch was sagen könnte, aber ihm fiel nichts ein, und er verließ sie.

13

Am nächsten Tag wurde die Vertretung des Lokalredakteurs – Gritt Lohmann mit Namen – zum Chefredakteur bestellt. Wie sie dazu käme, auch ein Foto von dem Bindig in die Zeitung zu setzen, neben den üblichen Baufotos vom Poltauer Platz?

Sie stand vor dem fast leeren Schreibtisch des Chefredakteurs und überlegte, ob sie lässig mit dem Po die Tischkante berühren sollte. Nein, lieber nicht.

„Kind", sagte er. Ein schneller taxierender Blick. Das Mädchen trug Jeans. Schrecklich. „Kind, wo haben Sie Ihren Verstand? Hätte ich gewusst, dass Wolter nicht da ist, hätte ich mir gestern die Lokalseite noch mal besonders vorgeknöpft. Jetzt bin ich da auch reingerasselt. Also, wie kamen Sie dazu?"

„Was ist denn passiert?"

„Na, hören Sie mal! Martens ist Inhaber der Zeitung! Und jetzt knallt ihm seine eigene Zeitung beim Frühstück ein Foto auf den Tisch, bei dem ihm der Kaviar im Hals stecken bleiben muss. Der Alte hier.." Eine flache Hand klatschte auf die ausgebreitete Zeitung. „...der macht ja eine Fresse, man könnte ja gleich zu heulen anfangen. Und Sie, Sie haben auch noch die Freundlichkeit, ihn im Text als den ehemaligen Partner von Martens zu bezeichnen. Und dann diese Überschrift; 'Eine tragische Geschichte' Hat sie der Teufel geritten? Was ist tragisch daran, dass ein Bauunternehmer pleitegeht?"

„Ich meinte..."

„Ihre Meinung ist nicht gefragt. Dafür haben wir eine eigene Spalte. Sagen Sie mal.." Die Augen des Chefredakteurs wurden schmal. „Sie sind aus dem Osten, was?"

Gritt nickte.

„Dachte ich mir. Sie müssen noch ne Menge lernen. Verkneifen Sie sich die Ost-Allüren! Sentimentalitäten wollen wir uns gleich mal abgewöhnen. Die Zeiten haben sich geändert, die Welt hat sich geändert, die Umgangsformen haben sich geändert. Gehn Sie. Und passen Sie beim nächsten Mal auf, was Sie da schreiben."

„Entschuldigen Sie. Hat Martens sich beschwert?"

„Nein. Wieso auch. Wir sind nicht im Osten. Weiß der Teufel, Sie haben wirklich noch eine Menge zu lernen."

Ganz vorsichtig wollte sie die Tür schließen, doch sie rutschte ihr aus der Hand. Wums! Sie öffnete die Tür und sagte: „Tschuldigung, war keine Absicht."

Dann zog sie die Tür behutsam zu, betrat den Aufzug, in dem gedämpft Radiomusik spielte, und fuhr etwa fünf Minuten lang rauf und runter. Nur zur Beruhigung.

Er zog die Schublade auf, dort lag die Dose mit den Pillen gegen Sodbrennen. Er schluckte eine mit einem Glas Wasser. Diese Ostler.. Die verstehen nichts, machen nur Ärger, aber er brauchte sie. Es ging um neue Leser, die saßen im Ostteil der Stadt. Aber ob die Kleine mit ihrer Sentimentalität neue Leser bringt? Naja, die aus dem Osten sind wohl alle so...

Er beugte sich über die Sprechanlage.

„Klärchen!"

Er schwang sich mit dem Drehsessel zur Tür, die Beine weit ausgestreckt. Klärchen erschien mit Stift und Schreibblock und kurzem Rock.

„Setz dich doch. Hoppla, das ist mir so entschlüpft.."

14

Eine halbe Stunde später klingelte das Telefon. Gritt griff zum Hörer. Eine angenehme Männerstimme: „Hallo! Mit wem spreche ich?"

„Und mit wem spreche ich?" Sie verdrehte die Augen. Bestimmt wieder der vom Sport. Hat ihr schon mal einen signierten Fußball hingestellt. Sie kannte keinen Namen davon.

„Mit wem wohl... Sie sprechen mit Martens. Hören Sie schlecht?"

Schiet, dachte sie, da haben wir den Salat. Sie schluckte und sagte: „Verzeihung. Ich bin die Vertretung von Herrn Wolter. Gritt Lohmann. ."

„Ja, weiß ich. Sagen Sie mal, können Sie mich in meinem Büro besuchen, sagen wir in einer Stunde?"

„Ja. Wie Sie wünschen."

„Und bringen Sie auch den Fotografen mit."

Eingehängt.

Auch Martin hatte das Foto in der Zeitung gesehen. Und den Text natürlich.

Die Wohnungstür klingelte. Gritt Lohmann.

„Soll das ein Witz sein?"

Sie zeigte auf das Namensschild an der Tür. Da stand „Atomdoktor".

Ohne eine Antwort abzuwarten, erklärte sie den Grund ihres Kommens.

Martin zog sich die Lederjacke an. Was sie bei dem Zeitungsbesitzer und dem größten Bauunternehmer in der Stadt sollten, war ihm schleierhaft. Er und die Journalistin waren doch nur kleine Lichter bei der Zeitung.

Ihm fiel sein Foto und der Text ein. Vielleicht das Foto?

Nein, es war der Text. Sie hätte den Martens nicht erwähnen sollen. In der Zeitung wusste man, wie empfindlich er war.

Im Salon gab er Bescheid, dass er sich etwas verspäten würde.

15

Martens saß hinter seinem wuchtigen Schreibtisch, er las etwas, blickte auf, nickte ihnen zu: „Moment!" und las weiter.

Verstohlen musterte ihn Gritt.

Für einen Mann vom Bau hatte er ein zu feines Gesicht. Die Haut gebräunt und gepflegt. Ein Schöngeist. Dagegen sprachen der Blick, der nicht lockerließ, nicht einen Wimpernschlag lang, die Stimme, deren Freundlichkeit nicht ohne Tücke war, und der Spitzbart, der vermutlich ein fliehendes Kinn verbergen sollte.

Aber was für ein billiges Jackett er anhatte!

Endlich legte er das Blatt beiseite und ließ sie in den Ledersesseln Platz nehmen.

„Oha", sagte sie. „Kommt man da auch wieder raus?"

Er lächelte, wobei sich sein Spitzbart etwas krümmte.

„Keine Sorge. Wer's nicht schafft, dem helfe ich eigenhändig raus."

Das Büro befand sich im 8. Stock eines Hochhauses im Westen der Stadt. Bis auf die Fensterseite waren die Wände dunkel vertäfelt. Parallel zu den Fenstern erstreckte sich ein Konferenztisch mit etwa zwanzig ledergepolsterten Stühlen. Der Schreibtisch mit der Sitzecke stand an der Stirnwand. Sie schmückte ein stark vergrößertes Foto aus den 20er Jahren der Stadt. Es zeigte den Poltauer Platz, wie er damals aussah: ein hektischer Platz mit Autodroschken, Pferdekutschen, Straßenbahnen und vielen Fußgängern, die Männer in Hüten und Schirmmützen, die Frauen nach damaliger Mode in knöchellangen Mänteln mit schmaler Taille.

Martin hörte die Stimmen wie von fern. Er verfolgte die Wolken, die – beginnend auf der Stirnseite des Büros – ein Fenster nach dem anderen mit gleichmäßiger Langsamkeit durchwanderten. Und jedes Fenster kam ihm vor wie ein großes Foto in einer Ausstellung, nur dass sich darin das Motiv fortwährend änderte.

„Sie haben sich da was Hübsches geleistet." Unter dem Schreibtisch klopfte es einmal. Martens war mit einem Fuß gegen ein Tischbein gestoßen. „Wie kommen Sie zu diesem Foto? Und was soll dieser Text? Der arme Bindig und das Schwein Martens, was?"

„Das steht da nicht."

„So nicht, nein."

„Soll ich mich entschuldigen?"

„Würden Sie das tun? Na, lassen wir das.. Kaffee?"

Der Fotograf sah zu den Fenstern. Sein Desinteresse ärgerte sie. Sie stieß ihn an.

Er fuhr zusammen.

„Kaffee?"

Er nickte, und fand ihr Verhalten gelinde gesagt nicht sehr freundlich.

Die Kaffeekännchen, Tassen und ein Teller mit Pfannkuchen, die so stark bepudert waren, dass sie wie Schneebälle aussahen, wurden mit einem Servierwagen herein geschoben.

Martin griff sofort zu. Für Pfannkuchen würde er noch Schlimmeres hinnehmen als eine ungehobelte Frau an seiner Seite.

Er biss hinein. Eine Puderwolke stäubte in Richtung Schreibtisch.

„Passen Sie auf, dass Sie mich nicht auch noch mit dem Pflaumenmus erschießen", sagte Martens heiter. „Und jetzt hören Sie zu. Ich werde Ihnen die wahre Geschichte von Bindig und mir erzählen. Und verraten, was es mit dem Helm auf sich hat."

Vor etwa 15 Jahren gründeten er und Bindig gemeinsam im Westteil der Stadt ein Bauunternehmen. Damals trug Bindig mit Vorliebe einen weißen Helm, vermutlich aus Eitelkeit, weil er darin so gut aussah. So konnte man denken. Aber für Bindig war der Helm weit mehr. Er war eine Art Talisman für ihn. Denn eines Tages sagte er Martens, alle seine Erfolge habe er nur diesem Helm zu verdanken, darum trage er ihn immer und gebe ihn nie aus der Hand.

„Dann fiel die Mauer und mitten in der Stadt gab es plötzlich das da." Er deutete hinter sich. „Diese riesige Baubrache. Was für ein Glücksfall für die Stadt! Endlich mal so richtig aus dem Vollen bauen.. Schluss mit dem Kleinklein. Bindig aber wollte weitermachen wie bisher. Stein auf Stein. Ein braver kleiner Baumeister. Also trennten wir uns. Mit meinem Betrieb ging's aufwärts, mit seinem abwärts. Kurz vor seinem Konkurs kam er hier rein, knallte mir seinen Helm auf den Tisch und brüllte, das hier sei der falsche, ich hätte ihm den richtigen Helm gestohlen. Stellen Sie sich vor! Er glaubte, ich hätte ihn pleite gehen lassen, weil ich ihm seinen Talisman genommen hätte. Dabei hat er ihn einfach mal mit einem anderen vertauscht, passiert dauernd auf dem Bau. Ein weißer Bauhelm. Davon gibt's hunderte. Und ich soll ihn haben? Was kümmert mich so ein Bauhelm! Ich hatte Millionenaufträge abzuwickeln! Na, ich lachte ihn aus. Schmeckt's?"

Martin biss in den zweiten Pfannkuchen.

„Und da bekam er den Schlaganfall?"

„Nein. Den bekam er nach dem Konkurs."

„Und wegen dieser alten Schote sind wir hier?"

Und eine ungehobelte Sprache hat sie auch, dachte der Fotograf.

„Nein." Martens sah sie prüfend an, dann fuhr er fort: „Was halten Sie davon? Es ist ein Deal. Finden Sie seinen Helm. Damit er Ruhe gibt. Es gibt schon genug Ärger auf meinen Baustellen. Finden Sie ihn und Sie bekommen 10.000 Mark. Jeder von Ihnen. Aber, Moment, ich bin noch nicht fertig. Finden Sie ihn nicht, dann müssen Sie beide die Zeitung verlassen. Das ist der Deal. Was meinen Sie? Einverstanden?"

Martens und die junge Journalistin sahen sich in die Augen. Sekundenlanges Taxieren. Vielleicht hassten sie sich in diesem Moment, aber bestimmt spürten sie auch einen prickelnden Reiz: Jung gegen Alt. Oder auch: Geschäftsmann gegen – sagen wir's ruhig – Proletarierin.

„Ja, ich denke, es ist in Ordnung.", sagte sie. „Wie viel Zeit haben wir?" .

„Ich will mal großzügig sein. Bis die Türme stehen. Zum Tag der Eröffnung. Von morgen an."

„Woran erkennen wir den Helm?"

„Fragen Sie Bindig. Vielleicht kriegen Sie was raus. Seine Adresse hat meine Sekretärin." Martens wandte sich an Martin. „Sie haben die ganze Zeit kaum was gesagt, Herr Falk." Eine ziemliche Übertreibung, dachte Gritt. „Stimmen Sie zu?"

Martin langte nach dem dritten Pfannkuchen..

Die Journalistin stand auf, sie hatte es jetzt eilig, und als der Fotograf nicht antwortete, boxte sie ihm in den Rücken: „Sagen Sie ja!"

Er blickte sie ärgerlich an, klopfte dann langsam den Puder von den Jacke und sagte: „Meinetwegen." Und zu Martens:

„Kann ich die beiden Pfannkuchen mitnehmen?"

Der lachte und nickte: „Nur zu!"

Als Martin umständlich die Pfannkuchen in eine Serviette einzuwickeln begann, griff sie zu und drehte um jeden Pfannkuchen eine Serviette. Und dachte: „Nicht zu glauben, wie gierig der Mann ist!"

Anschließend bestand sie darauf, dass sie zu ihm nach Hause fahren, sie müsse alle seine Bindig-Fotos sehen.

Während sie den Wagen im Stopp und Go durch die Straßen quälte, wollte er wissen, wozu das nötig sei. Er hätte schon die besten herausgesucht.

„Mit einem Foto fahren wir gleich zum Bindig", erklärte sie, „es muss ein Foto sein, das ihm gefällt. Wir schenken es ihm, das lockert die Atmosphäre."

„Wieso wir?", sagte er. „Ich fahr nicht mit, ich hab anderes zu tun."

Und er dachte: Wie scharf die hinter dem Geld her ist!

Sie trat auf die Bremse, er flog in den Gurt.

„Sagen Sie mal", fauchte sie, „haben Sie denn nicht kapiert? Ohne denn Helm verlieren wir unseren Job!"

„Mir egal. Ich brauch ihn nicht."

„Aber ich. Und schließlich sind Sie auch nicht unschuldig daran. Sie haben mir das verdammte Foto geliefert! Was haben Sie denn erwartet? Dass ich's in den Papierkorb schmeiße?"

„Ihr Text war dran schuld, nicht mein Foto!"

Sie stieß die Wagentür auf. „Raus!"

Mit beiden Händen schubste sie ihn aus dem Wagen.

„Stopp! Die Pfannkuchen! Sie haben sie mir runter geschmissen."

Er musste sich fast auf dem Bauch legen, um sie unter dem Vordersitz herauszufischen, und als er sie hatte, waren sie aufgeplatzt und vor Verzweiflung oder weil er nicht wusste, was er jetzt machen sollte, begann er sie eilig in sich hineinzustopfen, im Stehen neben dem Auto, und der Pflaumenmus lief ihm über Backe und Kinn.

Sie verkniff sich das Lachen und machte, für sie selbst überraschend, eine versöhnliche Geste.

„Steigen Sie ein. Und nehmen Sie das." Sie reichte ihm ein Erfrischungstuch. „Gucken Sie mal in den Spiegel, Sie sehn zum Schießen aus."

Nachdem er sich das Gesicht gereinigt hatte, sagte sie: „Also gut, wenn Sie nicht wollen, mach ich's allein. Ich such den Helm. Unter einer Bedingung: Wenn ich ihn finde, bekomme ich auch Ihre 10.000 Mark."

Er nickte.

Nicht für eine Million möchte er mit dieser Irren zusammenarbeiten.

Auch sie war zufrieden. Er wäre je nur eine Belastung für sie, so wie der sich anstellt. Ein Riesenbaby.

Eine Stunde später fuhr sie nachhause und dachte: „Anständigerweise hätte er mir was anbieten müssen. Ein Bier wär nicht schlecht gewesen. Nee, was für ein Stoffel."

Jedenfalls hatte sie jetzt ein Foto, mit dem sie bei Bindig gut Wetter machen konnte.

Und Martin ging sofort hinter in seine Praxis. Die Patienten begrüßten ihn herzlich. Sein Herz ging auf. Ja, das sind noch Menschen

16

Eine Sommernacht. Vollmond. Aus den nahen Gärten kam der Duft der Hecken und Baumblüten und kämpfte gegen den Körpergeruch der Straße: Benzin, Radabrieb und den Dunst feuchtfauliger Hausecken.

Und plötzlich, aufreizend, wie Glas über Glas ziehend, türkische Musik vom Hinterhof.

Gaetano sehnte sich nach italienischen Klängen: er lud seine Frau zu einem Besuch in die Pizzeria „Dolce vita" ein.

Ein Fußweg von fünfzehn Minuten, aber der Ort war südlich der Alpen. Hier fand er alles, was er liebte: Celentano mit seiner samtenen Stimme, die zarten Düfte, frischgebackener Pizzas, vom Meister selber gebacken, und dazu Chianti und das Leuchten in den Augen der Frau, der Schimmer ihrer Haut im Kerzenlicht wie damals, als sie sich kennenlernten.

Die Uhr des beleuchteten Rathausturms zeigte halb eins, als sie nach Haus kamen.

„Das Treppenhaus braucht einen neuen Läufer", seufzte Tina. „Was das wieder kostet."

„Eh! Einfach umdrehn."

„Haben wir schon dreimal gemacht."

„Du musst immer widersprechen. Du bist wie deine Tochter... Ist sie zurück, was meinst du?" Er schlich zu Katjas Zimmer. Es war leer. „Immer später kommt sie. Sag selbst, ist das gesund. So wenig Schlaf?"

„Ach, sie schläft schon genug."

„Und wer ist der, mit dem sie sich trifft? Maledetto! Sie hat Geheimnis. Sie schweigt wie ein Sarg!"

„Grab heißt das. Und mach dir keine Gedanken.. Sie ist erwachsen."

Sie schlenkerte die Schuhe von den Füßen und knetete sich die Fersen.

Sorgfältig hängte er seine Jacke auf einen Bügel und in den Schrank. Dann drehte er sich um, er sah die wunderbare Frau, sie kleidete sich gerade aus. Das sollen Atome sein? So möge Gott mir noch mehr Atome schicken, damit ich darin ertrinke! Eh, was wollte ich sagen?

„Höre Tina! Ich will dir was sagen.. Eh, wie du da liegst!.. Wir machen Laden zu, si, Signora. Ende mit Mache-Haare-kurz! Es wird wie in Amerika! Wir machen Fernsehen, ich und Martin, wir heilen via TV! Nicht mehr Haare schnipseln müssen bei Männern, die nur kommen, weil ich sie so kitzlig bürste."

„Was? Was sagst du da? Wer will das?"

„Sag ich nicht. Sie sagen: Gaetano, du kannst so schön bürsten, bürste mal hier, bürste mal dort... Sagen sie wirklich."

Sie lachte.

„Höre, was ich denke. Ich werde Manager von Martin, wir machen Fernsehheilkunst, Pay-TV, verstehst du, erst zahlen, dann wundern. Wie in Amerika. Und weißt du noch? Gestern, da war ein Raucher, Martin geheilt, aber keine Spende von dem, keine mickrige Mark, weißt du, was passiert? Heute gesehen, mit einer Zigarre! Strafe Gottes, siehst du.. Eh! Du bist knackig? Wie schön du bist... Ich komme, bella mia, sofort, sogar mit Kopf knackig!"

Und mit einem Sprung war er an ihrer Seite.

17

Wer ist „der"? Und was ist das für ein „Geheimnis"? Einer könnte es sagen. Aber er kann nicht sprechen. Er steht am kohlestaubigen Schaufenster. Im Dunkel das Ladens steht er Wache. Er tut sich damit etwas an, aber er weiß auch, dass es notwendig ist, weil er dabei auf klare Gedanken kommt und zu einem Entschluss ist es dann nicht mehr weit.

Der, von dem man so geheimnisvoll sprach, musste Geld haben, der hatte den Frauen was zu bieten, das war ja zu sehen. Auch Klaus war darauf hereingefallen. Er dachte, auch er müsse jetzt viel Geld haben.

Und so machte er es wie viele andere, er wurde zum „Mauerspecht". Aber während die anderen mit Hammer und Meißel an der Graffitiseite der Mauer die Steine herausschlugen und sie an die Touristen als Souvenir verkauften, entschied er sich für die industrielle Produktion.

Nachts, an einer unbeachteten Stelle, brachte er eine Sprengladung an der Mauer an. Der dumpfe Knall, der hochwirbelnde Staub, die herunter prasselnden Kleinode der Mauer, es gab ihm ein wonniges Gefühl des Sieges, das fast schon Glückseligkeit war. Und am Tag verkaufte er die Trümmer an die Touristen für 5-20 Mark das Stück, je nach Größe.

Aber bald sah er ein, es würde nie zu dem reichen, was „der" zu bieten hatte, und damit endete sein Ausflug in das große Geschäft.

Da! Er drückte die Stirn an das Schaufensterglas. Da draußen rauscht sie wieder heran, diese rote Kutsche, wie im Märchen, bremst mit satten Gebrumm vor dem Frisiersalon, fast gleichzeitig kommt Katja heraus und steigt ein. Und schon sind sie verschwunden, die Kutsche und die Prinzessin.

Er löste die Stirn vom staubigen Schaufenster und ging zu seiner Mutter. Er hatte ihr etwas zu sagen. Sie saß hinten im Wohnzimmer.

Der Fernseher lief, aber sie las in Papieren. Mit den Händen sagte er, sie solle mit ihren Knien doch mal zu Martin gehen, der heilt alles, bestimmt auch ihre Knie.

Sie unterbrach ihn. „Unfug, alles Unfug.. Ich mach mich doch nicht lächerlich."

Seine Hände widersprachen und seine Augen sagten, dass er hoffte und glauben wollte.

Sie erwiderte: „Er kann nicht allen helfen. Mir nicht." Sie machte eine Pause. „Und dir auch nicht. Keiner kann dir helfen. Ich auch nicht. Bleib stehen", sagte sie. „Lauf nicht davon." Sie stand mühsam auf, sie musste einen Augenblick warten, bis die Kniegelenke in die richtige Stellung gerutscht waren, dann kam sie auf ihn zu.

„Du willst sprechen können, ich weiß. Junge, das kannst du doch. Meinst du, mit dem Mund reden, ist besser? Meinst du, sie würden dich dann besser verstehen? Worte! Als wenn die alles sagen könnten... Es ist die Liebe, nur die Liebe. Lass sie sprechen! Und wenn die spricht, dann spricht sie mit allem." Sie nahm seine Hände. „Mit Händen.. Füßen.. oder Augen." Und sie dachte, seine Augen sind zu ernst, das mögen Frauen nicht. „Ich weiß", sagte sie nach einer Pause. „du liebst, nur Geduld, sie wird es hören. Du musst Geduld haben. Der Mann mit dem Auto ist nur ein Gespenst. Er kommt und geht auch wie ein Gespenst."

Dann ging sie wieder zurück und setzte sich.

Er sah ihr einen Augenblick zu. Sie tat geschäftig, schrieb etwas in die Kladde der Tageseinnahmen.

Er lief nach vorn in den Lagerraum, hob die Falltür und stieg in seinen Bastelkeller. Er hatte nicht genug Geld, um das Gespenst zu verscheuchen. Aber er fühlte, dass er endlich das tun musste, was er so gut kann. Wie damals, als er denen im Osten half.

Er kann verständlich sprechen, sogar sehr verständlich, bloß mit den Händen.

18

Als die Briefträgerin dem Frisiersalon die Post zustellte, traf sie Martin an. Sie übergab ihm ein an ihn adressiertes Einschreibepäckchen.

Darin befand sich eine kleine hölzerne Kassette mit dem Brief einer Hausverwaltung. Sie teilte den Tod von Martins Vater mit und entschuldigte sich für die späte Benachrichtigung, doch sei erst jetzt Martins Adresse gefunden worden. Die Urne mit der Asche des Verstorbenen stehe im Bestattungsinstitut bereit, er möge Bescheid geben, wo sie die letzte Ruhestätte finden sollte. Zuvor sei die Kostenfrage zu klären. Es habe sich herausgestellt, dass sein Vater völlig mittellos gewesen sei. Dieser Holzkasten berge seine wenigen Habseligkeiten.

Martin legte alles auf einen Besucherstuhl und tat, als gehöre ihm die Sendung nicht.

Knapp drei Jahre war er alt, als seine Mutter ihn bei der Hand nahm und mit einem Koffer in den Westen zu ihrer Schwester fuhr.

Einen Tag später sperrten Ostsoldaten die Grenze, am Tag darauf stand die Mauer, die Stadt war zweigeteilt, vom Vater wurde nie wieder gesprochen.

Die Mutter starb, als er acht Jahre alt war, bei einem Autounfall. Seine Tante übernahm seine Erziehung bis zur Volljährigkeit.

Sie hasste den Osten, und er erinnerte sich, dass sie nur einmal seinen Vater erwähnt hatte: Er gehöre auch zu den Verbrechern des Mauerbaus.

„Ich mach das!", sagte Frau Manzoni und nahm Brief und Holzkasten an sich.

Sie telefonierte mit der Hausverwaltung und suchte auch den Friedhof aus. Die Kosten für Überführung und Begräbnis bezahlte sie. Als Gaetano das erfuhr, hob er die Hand zu seinem Toupet, schnell sagte sie ihm, sie hätten durch die Heilungen schon 11.000 auf dem Konto, worauf die Hand einen Bogen machte und flach auf seiner linken Brust landete.

19

Ein paar Tage später stürmte Gritt beim Frühstück in Martins Wohnung, es hätte ihn gewundert, wenn es anders gewesen wäre.

„Jetzt frühstücken Sie erst? Lassen Sie sich nicht stören." Sie setzte sich an den Küchentisch und sah sich um. „Und richtig aufgeräumt ist auch noch nicht."

„Bei mir sieht's immer so aus", knurrte er. „Was wollen Sie schon wieder?"

Er räumte den Tisch ab, aber auf komplizierte Weise. Jeden Gegenstand holte er einzeln und trug ihn in die Küche. Sie dackelte immer hinter ihm her und redete wie ein Wasserfall.

„Ich war beim Bindig. Und stellen Sie sich vor: Ich geb ihm Ihr Foto, er sieht sich's an, dann dreht er's um und zeigt auf Ihren Stempel. Immer wieder, er kann ja nicht reden. Ich kapiere sofort, er will Sie sehen. Toll, was? Also bitte.. Kommen Sie mit. Soll ich auf die Knie fallen? Dann müssen Sie mal stehen bleiben. Übrigens, wussten Sie, wie er seinen Schlaganfall bekam?"

„Nein. Interessiert mich nicht."

Sie seufzte. Mit ihm hatte der Ärger begonnen, mit ihm setzte er sich fort. Es ist seltsam, dass gewisse Menschen nur dafür geboren sind, anderen Schwierigkeiten zu machen.

Er spülte die Tasse unter dem Wasserhahn aus und stellte sie kopfüber aufs Fensterbrett. Dann machte er sich auf den Weg, um das Marmeladenglas zu holen. Sie wieder hinter ihm her.

„Himmel, spülen Sie immer so ab?.. Interessiert Sie nicht... Sollte Sie aber.. Hat vielleicht auch mit der Helmsuche zu tun.. Also.. Es ist der 12. März, Mitternacht, der Bauverband gibt sein Jahresbankett, Bindig war nicht eingeladen.. und wer kreuzt da plötzlich bei den vornehmen Herrschaften auf? Erraten. Bindig. Drängt sich nach vorn und legt los, dass die Bude wackelt. Martens sei kriminell, ein Betrüger, beschäftige Schwarzarbeiter.. Na, jedenfalls großer Tumult, sie packen ihn und peng, Schlaganfall... Ist was? Warum glotzen Sie mich so an? Hab ich was auf der Nase?"

„Was sagten Sie? Wann war das?"

„Am 12. März... Stellen Sie Ihr Marmeladenglas immer auf dem Gasherd ab?"

12. März, um Mitternacht. Das war die Nacht, in der sich Ben Wander umgebracht hatte.

Plötzlich sah er die Augen des Alten vor sich und hörte Bens Stimme: „Wir sind Wiedergeburten in einem Fluss von Atomen..."

„Ist Ihnen nicht gut?"

Er stand einen Moment wie benommen, dann ging er ins Schlafzimmer, mit einer langen schmalen Pappschachtel kehrte er zurück.

„Gehen wir!"

Auf einmal konnte es ihm nicht schnell genug gehen. Der Mann war ihr ein Rätsel. Unterwegs schwiegen sie. Die Schachtel hielt er auf den Knien.

Bindig hatte gerade den Besuch der Pflegerin. Obwohl im Rentenalter, bewegte sie sich flink und lebhaft. Auf der Nase hatte sie Schweißperlen. Sie erkannte Gritt.

„Wie schön, dass Sie ihn wieder besuchen, da wird er sich aber freuen." sagte sie und klagend setzte sie hinzu: „Vorhin war er ganz unruhig. Er will immer wieder zu seinen Baustellen. Aber er hat doch Baustellenverbot."

Sie kamen in das geräumige Wohnzimmer. Es roch unangenehm. Die Pflegerin räumte zwei Kakteen vom Fensterbrett und öffnete das Fenster.

Zusammengesunken saß der Alte auf dem Sofa, den Kopf zur Seite geneigt.

„Er schläft nicht. Er tut nur so. Er kann ein richtiger Schelm sein. Herr Bindig!"

Die Frau rüttelte leicht seine Schultern.

„Besuch!"

Er hob den Kopf und lächelte schief.

„Ich muss mich ums Essen kümmern. Wenn Sie mich brauchen, rufen Sie mich!" sagte sie und ging in die Küche.

Für einen Moment betrachtete Martin nachdenklich den Alten, dann rückte er den Tisch an ihn heran, öffnete die Schachtel, rollte das Schachspielleder aus und setzte die Figuren auf ihre Ausgangsfelder. Bindig in die wässrigen Augen sehend, sagte er:

„Du fängst an."

Anfangs hatte Gritt neugierig zugesehen, dann verblüfft und am Ende war sie baff.

Mit zitternder Hand griff der Alte langsam nach einem Bauern und stellte ihn so heftig auf ein Feld, dass einige Figuren umkippten. Aus seinem Mund kam ein hustendes Bellen.

„Er lacht!" sagte Gritt. „Ich denke wenigstens, es ist ein Lachen. Hören Sie jetzt auf mit dem Unfug", setzte sie leise hinzu. „Ich muss ihn befragen."

Plötzlich stieß der Alte das Schachspiel vom Tisch. Klappernd rollten die Figuren über den Holzboden.

„Ich verstehe, ich verstehe", flüsterte Martin. Das war deutlich. Er sollte keine Zeit verlieren. „Es ist gut, Ben, ich weiß."

„Gustav heißt er, Gustav", sagte Gritt. „Ich stell ihm jetzt meine Fragen."

„Haben Sie gesehn?" Martin sammelte die Figuren auf. „Er zog mit links. Ben war Linkshänder."

Dass der Fotograf eine Macke hatte und sich für einen Wunderheiler hielt, war in der Redaktion schon bekannt, aber das hier, das ging doch zu weit.

„Blödsinn." Gritt war verärgert. „Herr Bindig, verzeihen Sie. Wir sind nicht wegen des Schachspiels hier, sondern wegen des Helms. Ihres Helms, den Sie verloren haben und wieder finden wollen. Wir werden ihn jetzt suchen. Sie können das doch nicht mehr. Man hat Ihnen Baustellenbesuche verboten. Das wissen Sie. Lassen Sie es uns machen, das geht schneller."

Bindig starrte sie an.

Von seiner Unterlippe tropfte Speichel. Gritt fand auf dem Tisch ein Päckchen Papiertaschentücher und wischte ihm den Mund.

„Himmel, Falk, setzen Sie sich und glotzen Sie nicht so. Wir müssen wissen, woran wir den Helm erkennen. Die Farbe, das reicht doch nicht." Sie wandte sich dem Alten zu. „Herr Bindig, ist da was am Helm? Nicken Sie einfach. Eine Markierung? Ein Kratzer, ein Fleck?"

„Sie fragen falsch, völlig falsch." Martin drängte sich vor. Er beugte sich nieder. „Was steckt dahinter, du, sag's mir ins Ohr!" Erschrocken richtete er sich auf und rieb sich das Ohr. Der Alte hatte zugebissen. Aber ja, auch das war Ben! Zu gern hatte er den Freund geneckt.

„Er kann doch gar nicht reden! Mann, denken Sie nach, bevor Sie was tun!" schimpfte Gritt. „Also, Herr Bindig, woran erkennen wir Ihren Helm? Warten Sie, ich geb Ihnen was zu schreiben."

Sie holte Block und Stift aus der Tasche. Den Block legte sie ihm vor, den Stift umschloss sie mit seinen Fingern. Schwer atmend kritzelte er etwas.

„Das heißt ‚Zahl'. Lese ich richtig? Und das hier: ‚Nicht Martens geben'. Stimmt's?"

Bindig nickte.

„Natürlich!" rief Martin. „Die Zahl ist die Lösung! Er hat nämlich auch Mathematik studiert." Und Gritt am Arm fassend: „Auf die Zahl kommt's an, das hat er mir vor seinem Tod gesagt."

„Noch lebt er, Gott sei Dank." Sie verstaute Block und Stift in die Tasche. „Wir suchen also einen weißen Helm mit einer Zahl."

Der Alte nickte.

Als die Frau mit einem mit Milchreis gefülltem Teller aus der Küche kam, verabschiedeten sie sich.

Beim Hinausgehen drehte sich Martin noch einmal um. Den Löffel in der zitternden Hand, starrte ihnen der Alte nach. Auf seiner Brust hing ein Plastiklätzchen.

Im Treppenhaus lachte Gritt.

„Wetten, das ist ein Nummernkonto?"

Im Auto erklärte sie, wie sie darauf kam.

„Es ist ein Bauchgefühl, aber darauf kann ich mich verlassen. Mein Bauch ist nämlich intelligent. Passen Sie auf. Bei einem Nummernkonto genügt die Nummer, man braucht nicht mal einen Namen anzugeben. Der Bindig war supermisstrauisch, das weiß ich von seiner früheren Sekretärin. Und wo ist so was besser versteckt als in einem Helm, den man immer bei sich trägt? Käm keiner drauf. Nicht mal die Steuerfahndung. Und dann geht der Helm verloren. Irgendein Bauarbeiter greift sich den aus Versehen. Wetten, der Helm ist Millionen wert. Jetzt will er natürlich an sein Geld."

Sie dachte nach.

„Und was der Martens will, ist mir auch klar. Er will auch ran ans Geld. Vielleicht ist es sogar seines. Hören Sie eigentlich zu? Ach was, blödes 'Sie', wir duzen uns, ja?"

Sie machte eine Pause, nagte an der Unterlippe.

„Wieso nannten Sie ihn Ben?"

Hinter ihnen hupte es böse. Die Ampel war grün. Sie gab Gas.

„Er war mein Freund, und in Bindig ist er wiedergeboren."

Langes Schweigen. Nur das Auto klapperte.

„Das ist ein Witz."

„Nur für den, der es nicht versteht." Sein Blick glitt über die verschmutzten Hausfassaden, nichts Vertrautes, eine fremde Gegend. „Wo sind wir eigentlich?"

„Im Osten. Ich dachte, wir besprechen das Weitere bei mir. Ich mach uns was zu essen."

„Nein!" sagte er. „Ich will nach Haus."

„Schade", murmelte sie. „Ich hätte gern den berühmten Mann kennengelernt. Den mit den wunderbaren Händen." Ob er das verstanden hat? Nein, hat er nicht. So ein Blödmann.

Sie wendete das Auto. Bis zum Halt in der Nähe des Manzoni-Hauses fiel kein Wort.

Als er die Straße überquerte, sah sie ihm nach. Er ging nicht zur Haustür, sondern verschwand im Eingang zum Hinterhof. Sie überlegte, ob sie ihm folgen sollte. Nein, lieber nicht. Sie zuckte mit der Schulter und fuhr davon.

20

Zu allen Zeiten bargen Zahlen Geheimnisse. Folgende Beispiele seien genannt: Die Ägypter mit den Pyramiden, die Azteken bei ihrem Sonnenkult, im Mittelalter die Alchimisten bei der Herstellung von Gold und nicht zuletzt seit kurzem die Computer, die mit den kleinsten Zahlen, der 0 und der 1, fantastische Sachen machen können.

Zahlen sind also mehr als nur Mathematik, sie bergen eine mystische Kraft, und so hatte die Zahl im Helm eine Bedeutung, von der Menschen aus dem Osten – materialistisch erzogen – keine Ahnung haben konnten.

Menschen jedoch, die im Westen aufwachsen, wissen: hinter allem steckt ein Geist, ist es nicht Gott, dann etwas ebenso Mystisches. Es geht nicht ohne!

Kein Wunder, dass Martin sofort kapierte, um was es ging.

Und er erinnerte sich an die Zahlen in Bens Doktorarbeit, leider hatte er sie, schon immer schwach in höherer Mathematik, nur überflogen.

Spät in der Nacht sah er sich die Zahlenreihen noch einmal an. Unter dem Kapitel „Der Durchbruch der Mauer" marschierten Zahlen wie ein geisterhafter Zug über sechs ganze Seiten. Ihr Marsch endete jäh vor einer Mauer in Gestalt eines Fragezeichens.

Martin starrte das Fragezeichen an. Hier wusste offenbar Ben nicht weiter. Wonach suchte er? Nach einer besonderen Zahl? Nach der letzten, alles entscheidenden Zahl? War es vielleicht die im Helm? Natürlich! So musste es sein! Darum die Wiedergeburt im Bindig! Und darum dessen verzweifelte Helmsuche!

Ben war es, der da suchte. Aber wie kam eine so wichtige Zahl in einen Bauhelm?

Stopp. Nicht zu viele Fragen auf einmal, sonst stürzt das System ab.

Eines jedenfalls war klar. Die Zahl war der von Ben gesuchte Schlüssel zum Öffnen der Mauer. Aber hatte er nicht schon eine durchbrochen? Was für eine Mauer gab es denn noch? Eine zum Allerinnersten des Universums? Ja, natürlich.. Dort, wo alles begann, dort, wo...

Martin leckte sich die Lippen. Und gerade in diesem Moment höchster Erkenntnis bekam er Besuch von Frau Manzoni.

„Ich stör doch nicht? Ich hab dich aus dem Auto steigen sehen. Wer war das? Eine neue Freundin? Du musst mir nichts sagen! Ich bring dir deinen Holzkasten. Du erinnerst dich.. Der ist von deinem Vater. Mach ihn endlich auf. Hast du einen Schlüssel?"

Er blickte sie an, er blickte den Kasten an.

„Ich sehe, du hast keinen. Na schön."

Schon war sie in der Küche, fand eine Schere im Spülbecken und ruckzuck hatte sie den Holzkasten aufgebrochen.

„Siehst du. Ganz einfach... Ach, nur Papiere. Ich dachte, er hätte dir was Bares hinterlassen. Was ist los? Geht es dir nicht gut?"

„Ja.. Nein. Ich weiß nicht."

Er sprach, als hörte er sich selber zu.

Mit spitzem Finger fuhr er in den Papieren herum.

„Wenn du mich brauchst, ich bin im Laden", sagte sie und ging.

Plötzlich stieß sein Finger auf etwas Hartes. Er zog es heraus.

Ein kleiner Schlüssel.

Er trat ans Küchenfenster und besah ihn von allen Seiten. Eine Zahl war eingraviert: 234. Dann ein Punkt. Und dann noch eine 1.

Er warf sich aufs Bett. Da hatte er eine Zahl. Und was für eine Zahl! Mystischer ging es nicht.

Da kam etwas auf ihn zu, zielstrebig, unaufhaltsam.

Vor Glück biss er ins Kopfkissen.

21

Am nächsten Morgen traf Gritt ihn wartend und gut gelaunt in der Wohnung. Am Telefon hatte sie gesagt, heute mit der Suche nach dem Helm zu beginnen. Er hatte zugestimmt, und meinte, er hätte sogar etwas, was bei der Suche helfen würde.

„Sieh mal, was ich hier habe", sagte er und zeigte den Schlüssel. „Einen Schlüssel! Mit einer Zahl drauf!"

Sie besah sich den Schlüssel.

„Ein Schließfachschlüssel. Wahrscheinlich von einer Bank. Von deiner?"

„Nein", erwiderte er. „Wär ja auch sonst viel zu einfach. Aber wir müssen hin. Fahren wir."

„Ja, aber zu welcher Bank?"

Die Papiere! Sie fand die Papiere neben seinem Bett auf dem Fußboden und sie bestätigten ihre Vermutung. Es handelte sich um eine Bank ganz in der Nähe ihrer Wohnung, im Osten der Stadt.

„Und was ist das?" Sie sprang mit ihm um, als würde sie ihn schon jahrelang kennen. „Hier! Du Schlafmütze! Das Testament deines Vaters!"

Erstaunt las er den handgeschriebenen Zettel: „Alles im Schließfach hinterlasse ich meinem Sohn Martin."

Wieder so ein Rätsel! Was hat das mit Ben zu tun?

Bildete sie sich das ein oder stimmte es: Auf der Fahrt zur Bank sah sie im Rückspiegel immer denselben grünen VW-Polo. Sie bog in eine Nebenstraße und parkte.

Der Wagen kurvte hinter ihr herein, fuhr aber vorbei. Aufatmend fuhr sie wieder los.

Aber an der nächsten Kreuzung stand der Wagen wieder hinter ihnen. Von all dem bemerkte Martin nichts.

„Nein", sagte sie plötzlich. „Wir gehen doch lieber gleich auf Helmsuche."

Und dann preschte sie los, sauste zwischen parkenden Autos über einen Parkplatz, bog in einen Gewerbehof ein, verließ ihn durch die Hintereinfahrt, bretterte über die Stadtautobahn und fuhr erst wieder gemächlich, als sie überzeugt war, den Verfolger abgehängt zu haben.

Martin hatte sich teils an der Wagentür, teils am Armaturenbrett festgekrallt. Bei einer Baustelle stoppte sie.

„Numero eins." Sie kicherte zufrieden. „Da gehen wir jetzt rein. Greif mal ins Handschuhfach."

Er fand Papiere in Klarsichthüllen, es waren zwei Dokumente der Berufsgenossenschaft Bau, jedes bescheinigte dem Inhaber des Dokumentes das Recht, unangekündigt die Funktionssicherheit von Bauhelmen zu prüfen.

„Und sieh mal auf dem Rücksitz!"

Auf dem Rücksitz lagen zwei rote Helme mit dem BG Bau-Signet auf der Stirnseite.

„Alles mit dem PC und dem Drucker gemacht. Toll, was. Also los! Helmkontrolle!"

Es ging leichter als erwartet. Dummerweise besaßen die ersten Bauarbeiter nur orangefarbene Helme. Rasch prüften sie einen Helm nach dem anderen und verschwanden wieder.

Ab sofort waren sie gewitzter: Durch eine Lücke im Bauzaun spähten sie nach weißen Helmen, entdeckten sie welche, meldeten sie sich beim Bauleiter.

Die Bauarbeiter hatten ihren Spaß, vor allem wegen Gritt.

Sie trug ein T-Shirt, enge Jeans und Halbschuhe und sie war nicht auf dem Mund gefallen, was den Männern gefiel, und so ging die Prüfung mit Spott und Gelächter gut voran.

Die beiden selbst ernannten BG-Bau--Prüfer drehten die Bänder in den Helmen nach allen Seiten, manche waren sehr abgenutzt, auf das Gritt der Ordnung halber hinwies, aber den gesuchten Helm mit der geheimnisvollen Zahl fanden sie nicht.

Bis drei Uhr nachmittags hatten sie sechs Baustellen abgeklappert, sie waren erschöpft, und Gritt schlug vor, für heute Schluss zu machen. Zuvor wollte sie ihn zur Bank fahren.

Auf der Fahrt blickte sie mehrmals in den Rückspiegel, aber der Verfolgerwagen tauchte nicht mehr auf. Vielleicht doch alles nur Einbildung. Wer sich zu lange in der Nähe eines Gespensterseers aufhält, läuft Gefahr, selbst welche zu sehen.

Sie blieb im Auto sitzen. Es dauerte etwa eine halbe Stunde, dann sah sie ihn aus der Bank kommen. Von der Nachmittagssonne geblendet, schirmte er die Augen mit der Hand, nach dem Wagen suchend und kam dann angezuckelt.

Nur ein paar Sekunden hatte das gedauert, aber in diesem Moment, so dachte sie später, hat sie sich in ihn verliebt.

Und der Zeitpunkt war wichtig, sogar sehr wichtig für die Beurteilung ihres Gefühles, denn als er neben ihr im Auto saß, öffnete er die Lederjacke, und es fielen dicke Geldscheinbündel heraus.

„30 000", sagte er.

„Westmark?", fragte sie. Er nickte. „Wie ist das möglich, dein Vater war doch einer von uns?" Schweigen, fast betretenes Schweigen. „Und sonst war nichts drin?"

„Doch, wieder ein paar Papiere."

„Weißt du was", sagte sie, „die sehen wir uns bei mir an. Ich wohn hier gleich im Dreh."

Und ohne ein Antwort abzuwarten, fuhr sie los.

Er breitete das Geld und die Papiere auf dem nach Kiefern duftenden Holztisch in ihrem Wohnzimmer aus.

Mit der Bemerkung „Du hättest das Geld gleich anlegen sollen" verschwand sie in die Küche und rief von dort: „Ich mach uns jetzt was zu futtern."

Er fühlte sich in ihrer Wohnung keineswegs fremd, im Gegenteil, er war verwundert, wie ähnlich die Wohnung der seinen war.

Die Wohnhäuser im Ost- und Westteil der Stadt waren alle um 1900 gebaut, die Wohnungen mit hohen Zimmerdecken, einem Balkon, einer kleinen Kammer und einem schmalen, dunklen Bad mit Toilette. Im Wohnzimmer stand ein Kachelofen, das Schlafzimmer lag an der Hofseite, der Stille wegen.

In ihrem Wohnzimmer stand ein Computertisch, daneben ein Holzregal, vollgestopft mit bunten Ordnern.

Die Balkontür war aufgeschlagen, Straßenlärm drang herauf.

In der Küche erklang das Gebrutzel von Buletten. Ihm wurde plötzlich bewusst, dass er seit dem Frühstück nichts mehr gegessen hatte.

„So und jetzt zum angenehmen Teil", sagte sie nach dem Essen, bei dem es Rotwein gab, zog Schuhe und Socken aus und legte sich auf das neue Sofa, ein Ikea-Ausziehsofa, die Beine ausstreckend.

„Du musst mir jetzt alles erzählen. Von dir und der Heilerei und Ben.. Wer ist Ben?"

„Ein Freund. Er ist in Bindig wiedergeboren."

„Achja? Und woher weißt du das?"

„Ich hab es dir doch schon gesagt. Ben hat sich umgebracht zur selben Zeit als Bindig den Schlaganfall hatte. Am natürlichsten wär es gewesen, in einem Baby wiedergeboren zu werden." Er flüsterte, als fürchtete er, von der Stasi belauscht zu werden. „Aber bei ihm ist es anders. Er brauchte dringend diese Zahl, verstehst du, und darum musste er sofort zur Welt kommen. Und zwar schon als Erwachsener. Da konnte er Bindigs Körper benutzen."

„Aha." Sie überlegte.

Dann sagte sie: „Interessant. Komm, setz dich mal hier rüber. Bei meinen Füßen ist noch Platz. So hör ich besser."

Er gehorchte.

„Sieh dir mal den rechten Fuß da an. Er tut mir weh. "

„Wirklich?" Sein Interesse war geweckt. „Wo genau?"

Sie legte den Fuß auf seinen Schoß und bewegte die Zehen.

„Hier! Du bist doch Doktor! Stimmt doch?"

„Ja, Atomdoktor."

„Achja? Und wie heilst du?"

„Ganz einfach", sagte er. „So!"

Ein gewisser Alkoholspiegel war schuld, dass er den vorgeschriebenen Abstand zwischen Hand und Patientin nicht einhielt.

Er streichelte den Fuß.

„Weißt du, was seltsam ist, sehr seltsam und was mich immer wieder wundert?"

Warum er so gesprächig wurde, wusste er selber nicht.

„Nee! Sag es!"

„Wie kann etwas wehtun, wenn es nichts ist, bloß Atome.. und Atome sind auch nur Energie. Steht alles in Bens Buch. Ich wünschte, er hätte noch ein paar Tage gelebt. Ich hätte ihn fragen können... Über den Tod zum Beispiel. Wozu Tod, wenn alles nichts ist?"

„Dein Ben lebt doch! Im Bindig."

„Ja, aber er kann nicht reden."

„Ah! Das ist gut." Gritt streckte sich vor Behagen. „Hier! Hier tut's auch weh! Ja, noch höher.. Warte, ich zieh mal die Jeans aus. Dann geht's leichter. Erzähl ruhig weiter."

„Andrerseits.. So eine Wiedergeburt ist immer noch besser als gar nichts. Sie nimmt dem Tod seinen Schrecken, weißt du... Irgendwie geht das Leben dann doch weiter und.. Danke!" Er nahm einen Schluck aus dem Glas Rotwein, das sie ihm reichte. „Man muss keine Angst mehr haben vor dem Tod. Nur das Nichts, das wir sind, das ist eigentlich das Schreckliche. Aber dagegen kann man ankämpfen."

„Wirklich? Erzähl."

Sie rutschte näher an ihn heran. Und er erzählte von sich und seinem Leben, das sich ins Kosmische geweitet habe, und von seiner Aufgabe für die Menschheit und merkte gar nicht, wie aus nackten Füßen nackte Beine wurden.

„Und darum trägt jedes Ding, jedes Lebewesen einen Trauerflor." Er entwickelte immer neue Gedanken, die selbst ihn überraschten. „Und weißt du, was der Flor ist? Unser Schatten nämlich. Und warum haben wir ihn? Damit keiner vergisst, was er ist: nichts. Genau so wie sein Schatten."

„Süß! Erzähl weiter."

Und er erzählte und sie nahm seine Hand, schob sie unter das Shirt und plötzlich hörte er aus der Ferne oder er dachte, dass er es hörte: "No Sex!" Wieso auf Englisch? Kam das als Song von der CD? Oder aus seinem eigenen Mund? Und was eigentlich wollte er gerade sagen?

Er überlegte. Er fand den Faden nicht mehr.

Aber gemeinsam fanden sie das Bett.

22

Kaum war Martin am Morgen heimgekehrt, da donnerte es an der Wohnungstür. Er riss die Tür auf. Gaetano stand vor ihm mit erhobener Faust, er wollte gerade zuhauen.

„Eh.. Lass mich die Tür haun, sonst hau ich dich!"

„Was ist denn los?"

„Was ist? Das ist!" Und das Toupet flog vom Kopf und segelte auf den Dielenboden. „Da! Siehst du, siehst du?" Und er trampelte auf dem Haarteil herum. „Du hattest Heilstunde. Capisce? Du hattest Kunden! Patienten! Und wo warst du?"

Er stampfte und stampfte.

Doch anstatt, wie er möglicherweise erwartete, sich nach dem gequälten Haarteil zu bücken, hob Martin abwehrend die Hand, nicht unähnlich seiner magischen Handbewegungen. Madonna... Was kommt jetzt für eine Zauberei? Gaetano machte einen Schritt zurück und gab das Toupet frei.

So standen sie eine atemlose Sekunde lang einander gegenüber, beide in Furcht vor dem unheimlichen Anderen.

Martin erschlaffte als erster, seine Hand fiel und sofort fiel auch die Spannung.

Ächzend hob Gaetano das Toupet auf, begann daran herum zu zupfen. Seine Stimme wurde weinerlich.

„Wo warst du? Wir haben gewartet."

„Komm, beruhig dich. Ein Korn tut uns gut."

Dann saßen sie am Küchentisch und füllten sich mit übertriebener Höflichkeit die Gläser.

„Du warst bei ihr? Die mit schwarzen Haaren?" Gaetanos Blick war düster. „Ich warne dich. Eine Hexe! Spielt mit dir!"

„Still! Ich muss dir was sagen."

„Ja, spuck aus. Was macht sie mit dir, die Hexe?"

„Hör auf damit. Ich suche eine Zahl.. in einem Helm, einem Bauhelm. Ich muss den Helm finden. Was ist? Lachst du?"

„No! No! Wie kann ich. Nur Spucke geschluckt."

„Hör zu! Es ist eine Menge passiert, unheimlich viel." Und Martin erzählte alles vom Anfang bis zum Ende. „Und weiß du, was das bedeutet? Großes kommt auf mich zu."

Er war aufgestanden, lief am Gasherd vorbei, am Spülbecken, am Kühlschrank, machte eine scharfe Wendung am Fenster, kam zurück und begann seinen Kreislauf von vorn. Fiebrig glänzten die Augen. Von seinen Lippen sprühte der Korn.

„Ich werde bald mehr tun als jetzt. Viel, viel mehr. Nicht nur die paar Leute.. Der Menschheit helfen. Das große, große Wunder! Verstehst du? Wenn ich die Zahl habe! Ich werde euch alle glücklich machen! Alle! Mit einem Schlag!" Mit der Faust schlug er sich -– klatsch! – in die Hand. „Ich kann es, du weißt es!"

Gaetano nickte feierlich.

„Du kannst, si, du kannst.. Salute."

Nachdem er getrunken hatte, lächelte er vor sich hin. Dann hob er die Hand, um alle Anwesenden zum Schweigen zu bringen.

„Höre! Ich werde dir helfen! Ich sage dir wie. Wir machen Fernsehn! Und international! Wir machen es wie in Amerika! Heilkunst mit TV. Über Satellit, überall in der Welt. Für ganze Menschheit! Und dann Spende von überall.." Er stockte. Hastig sagte er: „Und Spende kannst du weiterschenken... Si!"

„Nein", unterbrach ihn Martin. „Kein Fernsehn. Atome ordnen geht nicht über Satellit.. Und merk dir: Die Zahl gehört mir."

„Eh? Was? Bene, die Zahl.. Natürlich. Die Zahl. Wie du willst. Aber keine Frauengeschichten, capisce? "

„Ja, ja.. Geh jetzt. Ich bin hundemüde."

„Si. Natürlich.."

Im Flur blieb Gaetano stehen. Das Haarteil in der Hand, betrachtete er sich kummervoll im Spiegel. Dann rief er: „Martin! Komm! Heilung!" Und zeigte auf seine kahle Stelle.

„Glatze ist doch keine Krankheit!"

„Sieht aber aus wie Krankheit. Per favore!"

Anschließend beobachteten beide im Spiegel die Hand, wie sie über der Halbglatze kreiste.

„Eh! Ich spür schon", flüsterte Gaetano. „Atomwärme, was?"

Aber kein Haarwuchs. Klar. Haare wachsen langsam. Jedenfalls war die Wärme ein gutes Zeichen.

Nachdem Gaetano sich das Toupet aufs Haupt gedrückt hatte, flutschte er durch die Tür.

Zwar war der Atomdoktor müde, aber seine Mission duldete keine Pause. Er nahm das Buch zur Hand. Die mysteriösen Zahlen wollte er abschreiben und neu gliedern. Auch die Zahl vom Bankschlüssel notierte er. Vielleicht ergibt sich ein Hinweis auf den Ort des Helms.

Klugerweise geschah das alles im Bett. Denn nach acht Minuten war er eingeschlafen. Und glücklicherweise war Samstag. Keine Heilstunden! Atomheilung erst wieder ab Montag! Einen ganzen Tag wird der Atomdoktor schlafen und eine ganze Nacht.

23

In der Nacht, von Samstag auf Sonntag, als Martin immer noch traumlos schlief, war das Ehepaar Manzoni dabei, sich bettfertig zu machen. Frau Manzoni, das Toupet ihres Mannes in der Hand, fragte: „Was ist denn mit dem passiert?"

„Atomdottore schuldig", knurrte Gaetano. „Weißt doch. Keine Heilstunde. Hab ihn gefragt, warum... Er ist verknallt, si! Du kennst sie. Zeitungsflittchen."

„Erzähl!"

Während sie das Toupet kämmte, hörte sie zu.

Und als er fertig war, lachte er doch noch.

„Nicht zu glauben! Ist ganz verrückt nach Helm." Und knurrte wieder: „Ist Flittchen schuld."

Im Bett, das Licht war gelöscht, Flittchen und Helm waren vergessen, betastete er die kahle Stelle.

Eigentlich müsste er doch schon was spüren.

Vom Hof tönten Stimmen. Türkisch. Gewöhnlich einschläfernd, weil man die Sprache nicht verstand und darum nicht mithören musste. Heute klappte es nicht, die Manzonis lagen im Dunkeln mit offenen Augen.

Si, dachte Gaetano, da lachen sie. Alles Banditen! Türklinken mit Honig geschmiert.. Verbrecher! Und im Treppenhaus Kinderwagen weg, geklaut.. Und heute: Grill im Hof, Lamm am Spieß. Und die olle Becker saust raus, heult, schreit:: „Da ist ja meine Miezekatze..." Eh! Die spinnt ja. Türken und Katzen! Nur Ärger. Ich muss ordnen, jeden Tag.. Nicht über Satellit.. Schade. Kein Fernsehn. International.. Würde Millionär. Geld wie Haare… eh... Heu… Si, Haare wie Heu...

Seine Hand sucht die Glatze, geht aber nicht, die Hand hält nämlich jemand fest, seine Frau.

„Wird gut, Tina, molto bene", flüstert er. „Wirst sehen. Haare wie Heu."

Und dann ist er eingeschlafen.

Seine Frau hört ihn schnarchen.

Mein kleiner italienischer Traumtänzer, denkt sie. Wo sind deine wunderbaren Locken? Und Katja, so eine Gans. Schneidet sich die Haare ab. Ja, kurz ist modern, auch der Rock.. Mein Gott, wie kurz. Und jetzt ist sie immer mit dem da unterwegs. Will Model werden. Hat der ihr die Flausen in den Kopf gesetzt? Bloß nichts Papa sagen, sagt sie. Alle wollen heut Model werden. Ich wollte in dem Alter.. was? Ja, gestehe! Opernsängerin! Ja, ich konnte singen, bitteschön, ich hab immer noch Stimme..

Und ganz leise versucht sie sich an Ave Maria.

 Ach... So geht es nicht. Gaetano, mein Engel, hast du gehört? Du mit dem lockigen, flockigen Haar.. Hörst du, wie ich singe? Ave Maria.. Ach du sizilianischer..

Sie kuschelte sich an ihn und schlief sofort ein.

Im Flur gegenüber, in ihrem Zimmer, zog sich Katja aus.

Diesmal war sie früher nach Haus gekommen. Sie wollte mit ihren Eltern reden. Eine Entscheidung galt es mitzuteilen, eine wichtige Entscheidung, nun schliefen sie aber schon.

Und jetzt liegt sie im Bett und kann auch nicht einschlafen.

Offenbar eine Familienkrankheit. An wen denkt sie? Na an wen wohl. An den da..

Seit zwei Monaten geht sie jetzt mit ihm. Was? Erst zwei Monate?

„Hallo, Papa Manzoni.."

Als sie diese Stimme hörte, leichtsinnig und frech. Durch den Vorhang hörte sie die. Markus! Dieser Strolch, der sie schon mit zehn knutschte und später Autos knackte. Flog von der Schule, war dann weg aus dem Kiez. Wie lange? Vier, fünf Jahre, mindestens.. Und jetzt auf einmal.. Kommt einfach so reinmarschiert.

„He, Katja! Kundschaft! Pettiküre!"

Da schlug sie den Vorhang beiseite, und ihre Hände stießen aufeinander.

Au.. Einen klotzigen Ring trägt der.

„Da, sieh mal.. da draußen.. Mein Schlitten!"

Ja, klar, sofort gesehen. Direkt vorm Schaufenster. Ein Auto, klar, bloß ein Auto... Toller Sportwagen. Zweisitzer.

Und dann saß sie neben ihm auf dem Hocker, und ihr Vater stand so dicht, dass sie in seinem Schatten kaum was sehen konnte, sie beugte sich über die Hand mit dem Siegelring und sie feilte die Fingernägel, die es eigentlich gar nicht nötig hatten. Ein gepflegter Mann.

Ja, Papa, das stimmt.

Er ist gekommen, um mich zu holen. Und ich tu es, knallhart! Ich werde Model! Basta! Markus hat tolle Beziehungen.. Mutter krieg ich rum.. Papa dagegen. Naja, schmeißt er eben mit dem Toupet. Ich kauf ihm ein neues von meiner ersten Gage... ne blonde... Oder ne rote? Eh, kannst du glauben, Papa.. Rot, ja, rot, du weißt schon wie… Mit geschlossenen Augen lächelte sie. Sie träumte schon.

Indessen wälzte sich im Haus gegenüber noch einer im Bett. Katjas Schuld. Und die von dem Auto, dem roten. Kommt fast jeden Abend angefahren, parkt vor dem Frisiersalon, flammt dort wie Feuer, ein zauberhaft schönes Mädchen springt lachend hinein – ins Feuer! – und aufjaulend, nein, aufjubelnd saust das märchenhafte Gefährt davon.

Spät, sehr spät in der Nacht kommt es leise rollend zurück und sein Rot ist jetzt düster und schwül. Zum Ersticken schwül.

Ein Sommer ist das. Die Stadt ein einziger heißer Kachelofen.

Sogar in Parterre staut sich die Wärme.

Klaus wirft die Decke von sich, schleicht am Schlafzimmer seiner Mutter vorbei. Im Lagerraum hebt er die Bodenklappe und steigt in den Keller. Hier ist es kühler. Und außerdem hat er hier seine Werkstatt. Lieber was tun, als sich im Bett quälen.

Plötzlich hört er über sich den schweren, schleifenden Schritt seiner Mutter. Ihr weißhaariger Kopf erscheint über der Bodenluke.

„Hör mal, du Dummkopf. Wenn du dich in die Luft sprengst, sorg wenigstens dafür, dass ich dabei bin."

Der Kopf verschwindet. Der schleppende Schritt entfernt sich.

Was soll er dazu sagen? Mit diesen Händen? Sie sind schwarz, aber nicht von Kohle.

24

Nicht weit von Gritts Wohnung war eine Baustelle, ein Einkaufscenter im Rohbau. Die Männer saßen im Bauwagen. Auf dem fleckigen Holztisch lagen ihre geöffneten Stullenpakete, Becher und Thermosflaschen, eine

Zeitung, Aschenbecher und ein paar Helme. Weitere hingen an Haken im Wagen. Nur weiße Helme.

Die Männer witzelten.

„Jetzt kommen sie schon die Stullen prüfen."

„Bei mir ist der Käse zu alt, notiert euch das."

Aus seiner Tätigkeit als Baustellenfotograf wusste Martin, die Männer hatten einen gezwitschert, das war zwar verboten, sie taten es aber doch. Mit den Augen gab er Gritt warnende Zeichen, sie achtete nicht darauf.

„Da werden Sie aber kein Glück bei uns haben, junge Frau", sagte ein bulliger Bauarbeiter mit rotblondem Haar und wimpernlosen Augen. „Die Helme sind erst gestern angeschafft worden."

„Na, dann können wir ja wieder gehn", meinte Martin.

„Neenee", kamen mehrere Stimmen, „schön prüfen. Sonst machen wir Meldung." Und der Bullige sagte: „Das Jungchen kann ja prüfen, junge Frau, wir unterhalten uns ein bisschen was. Na, setzen Sie sich doch."

Da war aber kein Platz mehr, höchstens auf seinen Knien. Eilig pflückte Martin die Helme von den Haken.

„Gibt's denn hier nichts zu trinken?" fragte Gritt keck. Sie hatte sich halb auf den Tisch gesetzt und warf einen frechen Blick in die Runde.

Plötzlich waren die Männer geradezu die Höflichkeit selber. Einer stand sogar auf, bot ihr seinen wackligen Stuhl an, sie setzte sich. Eine Bierdose zischte auf, sie trank, das spitze Kinn hoch aufgerichtet, mit dem Handrücken wischte sie die Tropfen ab.

Martin griff sich die Helme vom Tisch.

Der Rotblonde tuschelte etwas mit einem schnauzbärtigen, hageren Kollegen. Der steckte ihm was zu.

„Junge Frau", wandte sich der Rotblonde wieder an Gritt. „Bei uns gilt ein Gesetz. Frauen müssen beweisen, dass sie nen Schlag haben."

„Nie was davon gehört", sagte Martin.

„Dann hast du vom Bau keine Ahnung, Junge. Also, passen Sie auf. Hier ist ne Haselnuss. Hauen Sie mal drauf mit Ihrer Faust, ob Sie die kaputt kriegen. Wir schaffen das. Wenn Sie's nicht schaffen, darf jeder von uns Sie einmal abknutschen. Na los!"

Da lag die Nuss, und war Gritt auch kein Federgewicht, so waren ihre Hände doch kein Hammer.

Martin gab ihr erneut ein Zeichen. Zeit zum Abhauen. Alle Helme waren geprüft. Der Bauwagen stand am Bürgersteig, mit offener Tür. Fußgänger liefen vorbei. Manchmal sah einer im Vorübergehn herein.

Gritt machte eine Faust, schlug zu und starrte verdutzt auf den Tisch. Nichts hatte sie unter der Faust gespürt, rein gar nichts. Und statt der Nuss lag dort brauner Staub, darin etwas Weißes. Mit spitzen Fingern hob sie es auf. Ein Kondom. Die Männer bogen sich vor Lachen. Für alle sichtbar ließ sie das Kondom in der Luft baumeln und in die eintretende Stille fragte sie: „Ist das nicht 'n bisseken zu klein für'n Bauarbeiter?"

Nachher, im Auto, prustete sie los.

Hauptsächlich wegen Martin.

Er hatte noch immer Schamröte im Gesicht. Aber das sagte sie ihm nicht.

Sie besuchten noch vier Baustellen. Ohne Erfolg.

Wieder hatten sie den Helm nicht gefunden.

Auf der Rückfahrt waren sie einsilbig. Gritt schob eine Kassette ins Autoradio. Eine melancholische Ballade, gesungen von einem Mann, begleitet von einer Gitarre. Ein typisches Ostlied.

Für Martin schmeckte diese Traurigkeit nach süßer Limonade. Er sagte es ihr.

Nein, sie schaltete die Musik nicht aus.

Als er sah, dass sie den Weg in den Ostteil nahm, reagierte er heftig.

Er könne nicht zu ihr, er müsse nach Haus. Er hätte Patienten.

Gritt gehorchte und drehte den Wagen.

25

Übrigens wusste Martens, was die beiden trieben. Er bekam die täglichen Bauberichte, und als er die Zeilen eines besorgten Bauleiters las wegen der Helm-Prüfer von der BG Bau, strampelte er vergnügt mit den Beinen.

Aber er wollte mehr wissen.

Die Suche der beiden ist eine herrliche Geschichte. Aber was trieben die beiden privat? Das wäre noch eine besondere Geschichte. Die wollte er auch wissen. Und er kannte auch schon jemanden, der ihm dazu verhelfen würde.

Nun gut, ja, ein Privatdetektiv. Hatte schon öfters für ihn gearbeitet.

Ein Schnüffler, jawohl, und deswegen: pfui. Im besten Alter, 28 Jahre, und dann so was! Konnte er nicht etwas Besseres tun? Gab es in der Stadt nicht wichtigere und menschenwürdigere Aufgaben? Sehr gern, aber ja doch. Würde er schon gerne machen. Wie auch die vielen Tausend anderen Arbeitslosen in der Stadt.

Er war athletisch, mit langen Armen und einem Schnurrbart, Slawenhaken genannt, dessen Zipfel an den Mundwinkeln herabhingen und bei jeder Kopfbewegung wackelten.

Arbeitete vorher in einer Wachschutzfirma, die ging pleite. Seine Freundin hatte einen Job in einem Bäckerladen. Sie brachte altbackenen Kuchen mit, haufenweise. Zu verhungern bestand also keine Gefahr. Fand keine neue Anstellung. Gab die Suche auf und wurde Existenzgründer (Betriebszweck: Ausübung eines Bewachungs- und Aufklärungsdienstes), inserierte im Branchenadressbuch und nach etwa einem viertel Jahr kam der erste Auftrag. Von Martens. Den sah er nicht mal, wird er auch nie zu sehen bekommen, denn eine seiner Bedingungen lautete: Kontakte nur über Telefon. Worauf er sich ein mobiles Telefon anschaffte. Der Auftrag war nicht der Rede wert, ein Observierungsauftrag, aber was das Honorar betraf, das war beachtlich.

Dazu war die Arbeit für ihn bezahltes Vergnügen: Sauste schon immer gern mit seinem grünen VW-Polo durch die schmutzigen Straßen der Stadt. Deren Bewohner, wie er dabei feststellte, auch nicht viel besser aussahen: die einen grau vom Abrissstaub des Alten, die anderen grau vom Zementstaub des Neuen.

Und nebenbei schrieb er einen Krimi. Passte gut zu seinem Job – oder dieser zum Krimi, wie man's nimmt.

Mag sein, er war jetzt eine Ratte in dieser Stadt. Aber er sah immer Glanz vor sich. Das hielt ihn am Laufen.

Wie übrigens alle anderen auch.

26

Nach seiner Meinung kam Gritt viel zu früh, nach ihrer Meinung stand er zu spät auf, so ist das mit Einsteins Relativitätstheorie, jeder kann das nachprüfen. Jedenfalls waren Frühaufsteher und Spätaufsteher erst einmal auf zwei verschiedenen Ebenen.

Und so rief Gritt von weither, vermutlich vom Planeten Pluto: „Wo ist der Kaffee?"

Und er antwortete aus der Tiefe des Schlafplaneten: „In der Dose."

Dann saß er auf der Kante seines Planeten, genauer auf der Bettkante, in Unterhose und blickte böse. Wo ist mein Raumanzug?

„Und wo ist die Dose?"

„In der Küche.."

Sie entdeckte die Kaffeedose bei den Putzmitteln. Alles in Ordnung. Wir befinden uns auf der Erde in einer Junggesellenwohnung.

Beim Frühstück wischte er mechanisch mit dem Hemdsärmel die Schrippenkrümel vom Tisch, sie spritzten auch auf ihre Jeans, sie sagte kein Wort. Sie wartete darauf, dass er was sagte.

Und tatsächlich sagte er was: „Klingel nicht immer wie eine Irre. Ich war ja schon wach."

„Achja? Ich mach dir einen Vorschlag. Gib mir einen Zweitschlüssel, dann brauch ich nicht mehr zu klingeln."

Er brummte was.

„Was würdest du sagen, wenn ich dein Geld vergessen hätte?" fing sie wieder an. Sie schwenkte einen Plastikbeutel. „Da ist es. Und weißt du, was ich in deinen Papieren gefunden habe? Interessiert dich das?"

Papiere. Was für Papiere?

Sie las das in seinen Augen, wie man im Monitor die Fragen eines blöden Computer liest, und sagte:

„Menschenskind, die von deinem Vater. Und danach bist du Datschenbesitzer! Ja, du erbst eine Datsche. Ich weiß auch schon, wo. Südlich, ziemlich knapp hinter der Stadtgrenze. Was meinst du, wann fahren wir dahin?"

Er nahm den Plastikbeutel mit dem Geld und ging ins Schlafzimmer.

„Ich tät's zur Bank bringen und nicht unterm Bett verstecken!" rief sie ihm nach.

Vor dem Bett kniend, hielt er verärgert inne.

Er blickte sich um.

Wäschekorb! Na klar. Geldwäsche! Da kommt's vielleicht her, das Geld von seinem Vater. Munter verstaute er es ganz unten und griente. Jetzt wollte er es ihr einmal zeigen.

Im Flur flugs in die Jacke. Er rief:

„Na los.. Was machst du? Wo bleibst du denn!"

Sie guckte um die Ecke.

„Laß mich erst mal spülen."

„Nein! Keine Zeit. Ich kann nur vormittags, am Nachmittag hab ich Praxis."

Er hatte schon den roten Helm auf und tat auch so wie ein ganzer Mann. Frühaufsteher und Spätaufsteher befanden sich jetzt auf gemeinsamer Umlaufbahn.

„Zu Befehl", sagte sie.

Auf der Fahrt zur ersten Baustelle klingelte ihr Telefon, ein Mobiltelefon, die Journalisten hatten es vom Verlag bekommen.

Es ist Martens, er lädt sie zu einem Dinner in seiner Villa ein, morgen, am Samstag, 17 Uhr. Ja, natürlich, sie kommen.

„Du hast mich gar nicht gefragt", murrte er.

„Es gibt auch wieder Pfannkuchen, hat er gesagt."

Bis mittags konnten sie sich fünf Baustellen auf ihrer Liste notieren, ohne positives Ergebnis, dann hatten sie Hunger.

Sie fanden in der Nähe ein Lokal und zu ihrer Verblüffung, lud er sie ein. Achja, er hatte Geld.

Sie sprachen nicht viel, Baustellenluft macht offenbar Appetit.

Sie aßen, jeder über seinen Teller gebeugt, als gelte es die verlorene Zeit aufzuholen.

Im Auto sagte sie, dass sie gern mal seine Praxis sehen möchte.

Er lehnte das ab, schließlich sei das kein Zirkus.

Sie verabredeten sich für morgen nachmittags um vier, sie wird ihn mit dem Auto abholen. Mit einem Blick auf seine schäbige Lederjacke fügte sie hinzu: „Zieh dir ein gebügeltes Hemd an, ja? Am besten kaufst du dir was Neues. Kohle hast du ja."

27

Sie parkte ihren Wagen in einer Seitenstraße und kehrte zurück. Kein Zirkus, hatte er gesagt. Das wollen wir doch mal sehen.

Die Praxis war für den Frisiersalon zu groß geworden, außerdem sollte das Frisiergeschäft ungestört weitergehen, auch wenn es wenig brachte. Es gab keinen anderen Friseurladen im Kiez und es wäre für die Stammkunden nicht zumutbar gewesen, sich wegen eines Haarschnitts in die U-Bahn zu setzen, deren Fahrpreise von Jahr zu Jahr stiegen. Und so hatte Frau Manzoni darauf bestanden, dass Gaetano im Gartenhaus in einer freigewordenen Parterrewohnung die Praxis des Atomdoktors einrichtete.

Gritt ging zwei Frauen nach, die in die Toreinfahrt des Manzonihauses einbogen. Offensichtlich waren es Volksdeutsche aus Russland, denn sie sprachen gebrochen Deutsch, untereinander sprachen sie Russisch, sie trugen bunte, unter dem Kinn geknotete Kopftücher. Da Gritt in der Schule Russisch gelernt hatte, verstand sie, worüber sich die beiden unterhielten: über den Gottesknecht, den Wunderheiler.

Inmitten des schattigen Hinterhofes stand eine Buche, die Abendsonne erreichte gerade noch den Wipfel und ließ das Laub wie grünes Glas aufschimmern. Sekundenlang kam es Gritt vor, als bewege sie sich durch dunkles Wasser und sehe über sich eine grün leuchtende Kugel schwimmen.

Nach dem Eintritt ins Gartenhaus befand man sich schon im Wartezimmer, die Wartenden saßen auf Holzbänken und unterhielten sich halblaut.

Gritt setzte sich in die letzte Reihe.

Die beiden Frauen banden ihre Kopftücher ab, zogen ihre Jacken aus und legten sie über einen Stuhl, dann schritten sie, eine hinter der anderen, mit gefalteten Händen zu einem mit Blumen geschmückten Tisch neben einer orangefarbenen Tür, hinter der sich das Behandlungszimmer befand. In ihren weißen Blusen waren sie eine feierliche Erscheinung. Sie entzündeten die langen Kerzen vor dem Atombild an der Wand, knieten nieder, bekreuzigten sich und begannen mit hoher Stimme auf Russisch zu singen. Nachdem sie ihren Singsang beendet hatten, setzten sie sich in die Nähe von Gritt und begannen gedämpft auf Russisch zu sprechen.

„Heute sind es nicht so viele.. Ja, das letzte Mal standen sie schon draußen... Der junge Pope sollte einen Bart haben... Du musst es ihm sagen.. Ich? Sag du es ihm.. Er sieht viel zu jung aus.. Wie kann man ihn anbeten, wo er so jung ist?.. Er macht Wunder, das ist die Hauptsache.. Ja, aber mit Bart wär besser.. Alle Apostel haben Bart."

Dreimal läutete fern eine Glocke.

Eine junge Frau stand auf. Einen Plastikbeutel verkrampft vor den Bauch haltend, trat sie ins Behandlungszimmer.

Fünf Minuten später kam sie heraus, ein seliges Lächeln auf dem Gesicht und mit einem lockeren Schritt.

„Wiedersehn!" rief sie und noch einmal am Ausgang: „Wiedersehn!".

In der Reihenmitte sagte ein bärtiger Mann so laut, dass es alle hören konnten: „Na, jetzt wird sie wohl Kinder kriegen."

Worauf ein junges Mädchen hinter ihm losprustete. Ihre Mutter stieß sie an und flüsterte. „Sei doch still. Sie ist unfruchtbar. Das haben ihr die Ärzte gesagt."

Der Mann wandte sich nach den beiden um, dabei legte er eine zitternde Hand auf einen Stuhlrücken.

„Was hat denn Ihre Kleine?"

„Naja.. Sie geniert sich. Sie hat überall Pickel auf dem Rücken.."

„Ma..", klagte das Mädchen leise.

„Schon gut, Schatz. Aber du brauchst dich nicht zu schämen.. Hier haben alle was."

Als die Mutter und das Mädchen nach der Behandlung herauskamen, schimpfte sie mit dem Mädchen. Ihre Tochter stampfte auf und lief davon.

Der nächste Patient war der Mann, dessen Hände zitterten, er kam bald heraus, alle blickten auf seine Hände. Tatsächlich, sie zitterten weniger. Die rechte Hand zitterte fast gar nicht. Der Mann ging grußlos, wie geistesabwesend.

Plötzlich standen die beiden Alten wieder auf, gingen zum Blumentisch, fielen auf die Knie und sangen dieselbe Litanei von vorhin.

Unter den Wartenden war auch eine etwa 50jährige Frau mit einem geschwollenen Hals. Während der ganzen Zeit sagte sie kein Wort, niemand sprach sie an.

Und auch diese Frau kam lächelnd aus dem Behandlungsraum wie alle anderen, sie blieb sogar stehen, blickte in die Runde und sagte leise und mühsam: „Er ist gut, ja, er ist gut."

Dann ging sie.

Darauf verließ auch Gritt das Wartezimmer. Das verschämte, furchtsame Hineingehen der Wartenden und ihre gelösten, fast glücklichen Gesichter beim Herauskommen, verstörte sie zusehends. Als sie in ihrem Auto saß, schon angeschnallt, startete sie nicht sofort. Sie blickte durch die Windschutzscheibe auf die vorbei hastenden Menschen, als sähe sie einem Ameisenvolk zu.

„Ich begreife das nicht", murmelte sie. „Himmel noch mal, ich begreife sie nicht…"

Und als sie endlich losfuhr, seufzte sie: „Was für eine Stadt, was für eine Stadt."

Aber damit meinte sie den Verkehr.

Zweiter Teil

28

Der Chefredakteur war über sechzig, mürrisch und müde, als ihm ein großes Glück widerfuhr. Die Augen gelangweilt auf den Teppichboden gerichtet und eine dort liegende Büroklammer betrachtend, sah er plötzlich lange Beine über die Büroklammer laufen. Und wie er den schweren Blick höher richtete, sah er, Donnerwetter auch, einen ansprechenden Po. Gestärkt von frischer Sehkraft, kletterten seine Augen höher und siehe...

Kurzum: Er verliebte sich. Nicht in eine einzige Frau. Nein. Dafür war seine Zeit schon zu sehr bemessen. Er verliebte sich gleich in alle jungen Mädchen.

Und wenn er seine Kolumne diktierte so wie jetzt, diktierte er sie den langen Beinen, die, aneinander geschmiegt, mit ihren rotlackierten Zehennägeln keck gegen seinen Schreibtisch zielten.

Er befeuchtete seine Lippen mit der Zungenspitze und begann akzentuiert und mit Tempo zu diktieren:

„Das magische und meistgebrauchte Wort in unserer Stadt heißt: Zukunft! Und nicht nur die Menschen reden von Zukunft, jedes Geräusch in der Stadt spricht: Zukunft!

Auf dem Poltauer Platz schlagen hydraulische Rammen Spundwände in den Sand. Zukunft! Durch die Straßen schleppen großrädrige Lkws Betonrohre, Baucontainer, Berge von Eisenstangen, Betonplatten. Zukunft! Und ockerfarbige Güterzüge rattern südwärts, beladen mit feuchtem Sand und Abrisstrümmern, nur weg, weg, weit weg aus der Stadt. Die Waggons sind gut verschlossen und die Räder hämmern: Zukunft!

Luststöhnend krallt sich die Stadt in den Bauch und gräbt und gräbt, sie zerrt heraus, was sie in all den Jahren krampfte:

Entfahre schmutziges Jahrhundert! Und ströme herein neue Zeit und hebe mit jedem neuen Bau das Bild der Metropole höher und höher, weit über die schimmligen Miethäuser hinaus. Ja, die Stadt will wieder jung sein, sie will hinwegsteigen über ihren greisen Körper. Zukunft.."

In diesem Augenblick spielte sein Telefon die ersten Takte von Elise. Auf seinen Wunsch installiert.

Wieso jetzt? Sehr unpassend. Er hatte das Durchstellen von Anrufen verboten, Notfall ausgenommen. Was war das für ein Notfall?

Martens war der Notfall. Eine Einladung für Samstag.. Unbedingt kommen.. Aber natürlich.. Sehr erfreut.. Mit Vergnügen.

Er knallte den Hörer auf. Er verabscheute Martens und jetzt hatte der auch noch Elise missbraucht, aber man durfte dem nicht mit einem „Nein" kommen.

„Klärchen, lies noch mal. Von vorn."

Den Schreibblock vor die weitsichtigen Augen haltend, plapperte sie los. Schon nach wenigen Worten machte er eine heftige Bewegung. Der Ständer mit dem Füllhalter fiel um. Erschrocken sah sie auf.

„Streichen.. Alles! Wir fangen neu an."

Sekundenlang starrte er auf die Tischplatte, dann lenkte er seinen Blick wieder auf die Beine und begann zu diktieren:

„Nachdem die Stadt ihre Mauer verloren hat, verfügt sie zum Bedauern der Stadtverwaltung über keine große Attraktion mehr. Wenn unsere Stadt durch etwas ungewöhnlich auffällt, dann allenfalls durch die täglichen Autostaus, die alle eine gemeinsame Ursache haben: die vielen Baustellen.

Gestern muss ins Rathaus der Blitz eingeschlagen sein, denn mit einer genialen Idee trat die Stadtverwaltung heute an die Öffentlichkeit: Sie will an jedem Wochenende sogenannte Schaustellentage veranstalten.

Die großen Baustellen der Stadt werden zur Besichtigung freigegeben werden. Frei nach dem Motto: Was du nicht bezwingen kannst, mach zu deinem Freund.

Wenn wir schon so weit sind, die Quelle unserer Leiden zu lieben, so lasst sie uns auch in aller Welt preisen als die Show einer großartigen Stadt!.

Das würde dann so aussehen: Am Wochenende bieten wir als touristische Attraktion die Schaustellentage und an Werktagen die Autostautage, nein, die Autoschautage.

Da fällt mir ein: Man müsste die Autohersteller doch als Sponsoren gewinnen können!

Für das Geld verteilen wir an die Autofahrer kostenlos Beruhigungspillen.

Ach, und schon wieder ein Einfall: Könnte man die Pillenhersteller nicht als Sponsoren...

Nein, zu viel Geld wollen wir lieber nicht einnehmen. Denn eine Stadtverwaltung mit viel Geld hat keinen Ideenblitz mehr nötig.

Und das wäre doch wirklich schade."

Er schmunzelte. Morgen würden seine Leser wieder etwas zu lachen haben.

29

Die Villa musste einmal weiß gewesen sein, jetzt war sie grau, teilweise blätterte die Farbe ab. An einem zerbrochenen Holzgerüst versuchte ein Rosenstock hochzuklettern, scheiterte kläglich auf halber Höhe. Zwei Säulen standen rechts und links neben der Eingangstür wie zwei nackte stämmige Beine.

Gritt, in langer gebügelter Hose aus leichtem hellgrauem Stoff, ebensolcher Weste und mit dunkelblauem Schlips, lachte und zeigte nach oben auf die Reste von Stuckkränzen.

„Sieh mal! Strumpfbänder."

Neben der Tür hing ein Messingring, sie zog ihn heraus und ließ ihn zurückschnellen, dass es knallte. Vielleicht war ja der Knall das Klingelzeichen.

Inge Borchard, die stadtbekannte Schauspielerin, öffnete.

Sekundenlang waren Gritt und Martin vom Licht der Diele geblendet.

„Überrascht?" Die Schauspielerin sprach wie auf der Bühne, mit Melodie in der Stimme. „Etwa von mir?"

Sie blickte Martin in die Augen. Er trug ein rotkariertes Flanellhemd und eine beige Kordhose.

„Ja." Gritt beschloss, die Frau sofort in ihre Grenzen zu verweisen. „Ihr Haus ist so.. alt. Wir hatten etwas Modernes erwartet."

„Immer wieder sag ich es ihm", flötete die Schauspielerin und lächelte Gritt an. „Ich sag ihm, er soll es entweder abreißen oder renovieren. Und wissen Sie, was er dann sagt? Lass es so leben, wie es ist. Aber, nicht wahr, es sieht eher aus wie Sterben... Ich werde die Sache wohl selbst in die Hand nehmen müssen."

Die Villa gehörte Martens und es ging das Gerücht, dass er und die Borchard heiraten werden.

„Bitte, folgen Sie mir."

Sie traten in ein großes Zimmer mit einem in den Garten hinein gebauten Erker. Links lag, im grünen Schimmer der Fenster zum Garten, der Wohnbereich, in der Mitte ein aufgeklappter Flügel. Im Erker saßen bei mit kristallenen Weingläsern und silbernen Delikatessenplatten gedecktem Tisch Martens und drei Gäste.

Es hatten sich erhoben: Gastgeber Martens, diesmal in feinem Zwirn und einer dunkelroten Fliege unter dem Spitzbart („Hallo! Schön dass Sie kommen!"), der Chefredakteur mit hochgezogenen Brauen (gnädiges Kopfnicken), ein Historiker mit Augen wie rund gelutschte Karamellbonbons, gleichzeitig Vorsitzender des Vereins Historische Stadt (gelungener Diener, bedauerlicherweise entzog sich die junge Frau dem Handkuss), der Baustadtrat von Stadtmitte mit bis über die Ohren lange Haare (verwirrt vom festen Händedruck der jungen Frau).

Man setzte sich, Gritt und Martin nebeneinander.

Mit einem schnellen Blick erfasste sie die angebrochenen Flaschen, die halb gefüllten Gläser, die Lücken in den Delikatessen. Die Herrschaften saßen schon länger zusammen und die Neulinge waren als Nachspeise gedacht, gewissermaßen zur Unterhaltung.

Na, dann viel Appetit.

Die Schauspielerin saß neben Martens. Ihr hoch gebundenes Haar war fast so gelb wie ihr Hosenanzug.

„Du solltest wirklich was tun am Haus. Es ist peinlich, wenn man immer erklären muss, warum du nichts gegen den Verfall unternimmst."

„Er hat kein Geld", brummte der Chefredakteur.

Gelächter.

„Ja, die Presse weiß mal wieder mehr als der Täter." spöttelte Martens. „Übrigens.. Aus meiner Einladung mag die anwesende Presse ersehen, ich bin nicht nachtragend. Die Geschichte mit dem Foto ist begraben und vergessen!"

„Bis auf das Spiel", sagte Gritt trocken.

„Was für ein Spiel?" fragte die Schauspielerin.

Ohne zu zögern erzählte Martens von ihrer Abmachung.

„Ist das nicht ein bisschen zu hart?" meinte der Baustadtrat. „Sie können die Stellung verlieren. Und was verlieren Sie? Das steht doch in keinem Verhältnis!"

„Finden Sie? Na gut.. Ich zahle jedem der beiden fünfzigtausend, wenn sie den Helm finden." Und an Gritt gerichtet: „Engagieren Sie ein paar Arbeitslose für Ihre Suche, dann geht's schneller und Sie tun auch noch was für die Stadt."

„Das sind ja zusammen hunderttausend Mark!"

Die leicht hervorquellenden, staunenden Augen des Historikers passten gut zu seiner Bemerkung

„Sie sind doch nicht neidisch? Auf meinem Spendenscheck für das Stadtschloss ist allerdings eine Null weniger."

„Das stört mich nicht." Der Historiker war gekränkt. „Ich bin für jede Mark dankbar. Und seien Sie sicher, Ihre Spende wird im Gegensatz zu anderen wirklich sinnvoll eingesetzt. Wir werden es Ihnen mit dem Wiederaufbau des alten Stadtschlosses danken."

„Vielen Dank, mein Lieber. Das klang, als spräche das Volk zu seinem König." spöttelte Martens.

„Da Sie vom Volk sprechen, erlauben Sie mir noch eine Bemerkung." Der Historiker warf sich in die Brust. „Nur alte Bauten machen aus einem Volk eine Nation."

„Jaja, das kann man von meinen Bauten natürlich nicht sagen, wie traurig." Martens Stimme war sanft, jedoch scharf akzentuiert. „Ich dagegen, lieber Freund, behaupte: Heutzutage gibt es keine Nation mehr und wenn, dann ist es eine Halluzi-Nation."

Die Schauspielerin lachte ihr schallendes Bühnenlachen. Der Historiker errötete, schwieg aber.

„Ich wünschte, wir hätten eine Demokratie", sagte Gritt.

„Und ich dachte, wir haben eine." Der Baustadtrat genehmigte sich einen tiefen Schluck aus dem Weinglas. „Wir im Osten der Stadt vermissen die Schlösser nicht. Es sei denn, an unseren Türen." Damit spielte er sehr feinsinnig auf die gestiegene Kriminalität in der Stadt an. „Ja, erlauben Sie, auch ich bin gegen den Aufbau des alten Stadtschlosses, selbst wenn es nur die Fassade ist. Drinnen herrschte ein Kaiser im Prunk und draußen stand das Volk, der Untertan, in aller Bescheidenheit, wenn nicht Armut. Es buckelte oder stand stramm. Soll daran erinnert werden? Womöglich als Vorbild für eine neue Gesellschaft?"

„Das ist Polemik, entschuldigen Sie", widersprach der Historiker heftig. „Gerade die Bürger unserer Stadt sind für ihre Freiheitsliebe bekannt! 1848! Die Revolution. Und bitte sehr, in unseren Tagen der Fall der Mauer. Nein, hier lebte schon immer ein aufmüpfiges Volk."

„Ja, der Mauerfall. Erinnert ihr euch?!" Mit feuchten Augen sah die Schauspielerin entzückt in die Runde. „Wie sich die Menschen in die Arme fielen. Und das Tanzen auf der Mauer!"

Der Chefredakteur winkte ab.

„Ja, sehr romantisch. In Wirklichkeit.. Pardon!" Er nahm sein Glas. „Erst muss ich meine Stimme schmieren. Wenn ich schon eine Rede halte." Er genehmigte sich einen großen Schluck. „Ja. Tanzen und Juchheirassa und so weiter. Wissen Sie, was wirklich passiert ist? Ich sag's Ihnen. Erstens. Seit dem Mauerfall und dem Zusammenbruch glauben die da drüben an nichts mehr. Zweitens. Hier im Westen glauben sie schon immer alles und seit dem Mauerfall an noch viel mehr. Folglich herrscht ein völliges Durcheinander. Jeder tut, was er will, denkt, was er will, und das ist das, was ich einen Sauhaufen nenne."

Die Schauspielerin neigte sich hinüber zu Martin.

„Herr Falk.."

Dem fiel das Schinkenröllchen von der Pumpernickelscheibe.

„Das gibt einen Fleck.", sagte er verlegen.

„Ach", sagte die Schauspielerin und ließ ihr Häppchen auf die Tischdecke fallen. „Das mache ich jeden Tag!"

„Und ich auch", sagte Martens und ließ seines fallen.

„Selbstverständlich. Das ist Tradition!", lachte der Historiker übertrieben und stülpte seinen Teller um.

Irritiert blickte der Baustadtrat von einem zum andern. Was war das? Eine Westsitte? Verstand er etwas nicht? Hatte er vielleicht schon einen zu viel getrunken? Erschrocken setzte er sein Weinglas ab.

„Ich hätte gerne etwas von Ihrer Atomdoktorei gehört. Sie ist ja fast schon Stadtgespräch." Die Schauspielerin lächelte Martin aufmunternd an. „Heilen Sie wirklich?"

„Ja, das interessiert mich auch.", sagte Martens und gab der Serviererin ein Zeichen, die Tischdecke in Ordnung zu bringen.

Sie legte Servietten auf die Flecken.

„Nein, es ist nicht wirklich", antwortete Martin. Die Runde blickte sich überrascht an. „Alles Illusion. Ja. Wissen Sie.. Auch Sie sind unwirklich. Aber am unwirklichsten sind die Türme, die da gebaut werden."

Schallendes Gelächter.

„Mach dich nicht zum Trottel", murmelte Gritt.

Martens wischte sich die Lachtränen aus den Augen. „Eine Frage, mein Lieber: Die Pfannkuchen da, die sind doch auch Illusion? Und warum schauen Sie ständig da hin? Übrigens.. Reicht ihm doch mal den Teller rüber."

Martin lehnte dankend ab.

Den Leuten hier war nicht zu helfen.

„Die Türme sollen leben!" Die Schauspielerin hob ihr Glas. „Auf das neue großartige Herz unserer Stadt!"

„Ich würde lieber noch mal von dem Bauhelm reden", sagte Gritt. „Und von dem, was Sie Spiel nennen."

„Alles! Alles ist Spiel!" Martens Heiterkeit schien noch zu wachsen. „Vor langer, langer Zeit ließ jemand ein winziges Etwas explodieren, aus reinem Spieltrieb. Und siehe da: es wart das Universum. Und es begann ein Spiel, Spielgegner ist die Vergänglichkeit.. Und wer gewinnt? Sehen Sie bloß, was die Menschheit bis jetzt in diesem Spiel erreicht hat."

„Wollen Sie damit sagen, Sie spielen bloß? Sie scherzen.."

Der Baustadtrat schüttelte die Haare und blinzelte, als hätte ihn eine Staubwolke getroffen.

„Natürlich ist auch Bauen ein Spiel. Auch die Pharaonen spielten es. Und klappern Sie nicht so mit den Augen, Herr Stadtrat. Auch Sie spielen mit!"

„Die polnischen Bauarbeiter spielen bestimmt nicht.", bemerkte Gritt trocken.

„Ich habe den Eindruck, liebe Frau Lohmann, Sie mögen Spiele nicht, es sei denn, es ist ein Boxkampf. Nun hören Sie mal gut zu. Wenn ich einen Unternehmer beauftrage, für meine Bauvorhaben die Estriche zu ziehen, so habe ich keinen Einfluss auf sein Personal. Wenden Sie sich an die Politiker. Die machen die Gesetze. Übrigens betreiben die Politiker alles mit großem Ernst. Die Scherzbolde sind die Journalisten."

Der Chefredakteur, so angesprochen, öffnete die Augen.

„Politiker? Die merken immer erst nach einem Monat, dass es regnet. Pardon.. Um welches Thema ging es?"

Eine gute Frage, aber nicht zu beantworten. So schnell wechselten die Themen.

Die Wärme der in Kopfhöhe über dem Tisch hängenden Lampe ermattete Martin.

Während er sich Wein eingoss, hatte er auf einmal die intensive Vorstellung, bei tropfenden Wachsfiguren zu sitzen. Er scheute sich, aufzublicken und blickte lieber ins Glas.

Nach einiger Zeit zeigten sich bei allen Ermüdungserscheinungen. Der Chefredakteur klopfte demonstrativ mit dem Zeigefinger auf seine Armbanduhr.

„Herrschaften.. ich muss ... Der Andruck..."

Das war der Anlass auch für die anderen, sich zu verabschieden. Die Schauspielerin brachte Martin und Gritt zur Tür. „Ich möchte Ihnen noch etwas sagen." Sie senkte die Stimme. „Das muss aber unter uns bleiben, versprechen Sie mir das? Herr Martens will nicht, dass man darüber spricht. Er kümmert sich um Bindig. Er finanziert alles. Die Wohnung und die Pflegekraft, die ganze medizinische Betreuung. Behalten Sie das für sich. Ich sage das nur, damit Sie sich kein falsches Bild von ihm machen, was leider zur Zeit die Mode ist. Er ruft... Leben Sie wohl!"

Und mit dem so oft von ihr auf der Bühne gezeigten jugendlichen Schwung und dem melodischen Ruf „Ich komme!" eilte sie zum großen Bauinvestor.

„Was für eine blöde Gesellschaft!" Sie saßen im Auto und Gritt folgte mit den Augen den Scheinwerfern, als suchte sie die Straße ab. „Hat es dir gefallen?"

„Mit wem redest du?" Martin gab Geräusche von sich, die man Lachhüpfer nennen könnte. „Mein Körper ist futsch. Hab ich ihn wo liegengelassen?"

„Du hast ja einen Schwips."

„Und du hast einen Schlips."

Nach dieser vorwurfsvollen, aber zweifellos richtigen Bemerkung schlief er ein. Unterwegs kam er einmal zu sich, hob einen Finger und nickte wieder ein.

Als sie vor ihrem Haus ankamen, erwachte er. Er blickte um sich, erkannte, wo er war, hob den Zeigefinger zum zweiten Mal und sagte: „Gritt! No Sex!"

„No Sex", wiederholte sie. „Aber gepennt wird bei mir."

Zufrieden ließ er sich ins Haus führen. Diesmal konnte ihm ohnehin nichts passieren. Er hatte ja keinen Körper mehr. Wenig später bemerkte er seinen Irrtum, da war es zu spät.

30

Durchs Fenster fiel ein Sonnenstrahl aufs Bett und auf seine Hand.. Nanu.. Das sind doch Sonnenatome auf der Hand.. Er sah sich das genauer an. Nicht zu sehen, aber zu fühlen. Und niemand weiß es! Er schon. Ja, er ist der

Zeit weit, weit voraus. Behaglich kuschelte er sich wieder ins Bett. Plötzlich fuhr er hoch. Hatte sie...? Hatte er..? Er warf die Decke von sich. Er war nackt.

Gritt, im weißen Morgenrock, brachte auf einem Tablett das Frühstück.

„Der Herr haben nach dem Frühstück geläutet?"

„Nein, hat er nicht."

Er zog die Decke ans Kinn.

„Was ist?" Ihre Hand krabbelte unter die Decke. „Schämst du dich?"

„Du hast versprochen: No Sex!" Er dachte nach. „Hast du doch oder?"

„Ja. Alter Männertrick. Kennst du ja."

„Nein, überhaupt nicht."

„Und wenn schon. Du hast mitgemacht. Mitgegangen, mitgehangen, Kumpel!"

„Gegen meinen Willen, jawohl! Gegen meinen Willen. Wer weiß, was du damit angerichtet hast!"

„Was? Was sagst du da?" Sie tat erschrocken. „Du bist doch nicht schwanger?" Und mit niedergeschlagenen Augen murmelte sie: „Ich werde Vater. Wie sag ich's meiner Frau?"

„Mach dich nicht lustig!" schimpfte er. „Ich hab Kräfte, die kann ich verlieren! Ben hat mir gesagt: Keinen Sex! Das zerstört alles!"

„Schinken oder Marmelade?"

„Marmelade. Das waren seine letzten Worte und ich werde auf keinen Fall..."

Sie stopfte ihm die Schrippe in den Mund.

„Beißen!"

Er tat es und die Krümel spritzten. Sie goss Kaffee in seine Tasse.

„Mehr Milch!" mümmelte er.

Das Radio spielte Swing, die Sonne bestrahlte eine heile Welt, und Bens letzte Worte fielen der Vergessenheit anheim.

Alles war bestens. Bis auf die Atome in ihm. Die hatten ein Nachzittern aus der Nacht und niemand weiß, ob sie nicht ihren angestammten Platz verloren haben, was für die Zukunft nichts Gutes verheißen würde.

31

Zur Zeit der Mauer war das Umland im Besitz der Osteinwohner. Die Westeinwohner der Stadt hatte nichts davon. Ringsum war ja die Mauer.

Aber das war jetzt vorbei. An jedem Wochenende waren Tausende Ausflügler auf der Fahrt ins Grüne, ein Auto hinter dem anderen.

Auch Gritt und Martin waren darunter. Hübsches Pärchen. Sie am Steuer, er auf dem Beifahrersitz. Ihr Ziel: Die Datsche. Sein Erbe.

Sonne glitzerte im Gewölbe der Alleebäume, rhythmisch schlugen die Baumschatten auf das Autodach. Lautlos natürlich.

Das war Gritt zu leise. Sie suchte nach einem Sender im Autoradio. Plötzlich hörten sie die Stimme von Martens:

„... ein Tabu ist: Neubauten dürfen nicht höher als die Dachtraufe der Altbauten sein, sonst lässt die Baupolizei ihre Kanonen aufziehen und jeden Zentimeter drüber wegschießen. Meine Damen und Herren! Warum setzen wir uns selber Grenzen? Soll doch wachsen, was wachsen kann. Warum nicht auch bei Gebäuden? Meine Türme werden in eine Höhe gehen, vor der Kaiser Wilhelm erblassen würde.. Aber wir leben nicht mehr zu Kaiserzeiten! Und noch etwas. Wir sind zu ernst. Wir sehen überall Probleme. Uns fehlt die Leichtigkeit! Uns fehlt der Spieltrieb der Kinder! Mit dem Spielen beginnt die Kreativität! Spielen weckt die Schöpfungslust! Denken Sie an das Spiel der Liebe – und was daraus entstehen kann. Aber im Ernst, meine Damen und Herren, Sehen Sie sich um. Alles entwickelte sich aus einem Spiel der Kräfte. Mein Tipp: Seien Sie vorsichtig mit Menschen, die nicht spielen können. Und freuen Sie sich über jeden, der spielt."

„Ist ja nicht auszuhalten!"

Gritt schaltete das Radio aus.

„Und dabei schaufelt er jeden beiseite, der im Weg ist."

Die Hände fest am Steuer, die Augen auf die Straße gerichtet, so fuhr sie, und er fuhr mit seinen Augen durch die Landschaft.

Ihm war, als blätterte er in einem alten Bilderbuch. Jeder Blick schlug eine neue Seite auf, die das Heimweh weckte nach dem Brunnen vor dem Tore, wo der Lindenbaum stand.

In einem Dorf musste Gritt Auskunft einholen, sie verschwand im S-Bahnhof. Gegenüber war ein Eiskiosk. Martin stieg aus, um zwei Eistüten zu kaufen, dabei übersah er ein Auto.

Der Fahrer konnte ihm nur durch eine Kurve ausweichen.

Martin machte mit der Hand eine entschuldigende Geste, jedenfalls glaubte er das. Das Auto bremste, der Fahrer – etwa 20, von gedrungener Gestalt, mit Glatze, aufgekrempelten Hemdsärmeln – stieg aus und kam auf ihn zu. Ohne weiteres schlug er zu. In Martins Bauch.

Einige Sekunden später öffnete er die Augen. Über sich der weite Himmel und er selbst schwamm darin.

Erst langsam spürte er, wie unter seinem Rücken etwas Hartes lag, nein, er lag auf etwas Hartem, es war die Straße, schnell richtete er sich auf. Weit und breit kein Auto. Drüben, an der Bushaltestelle bei dem Flachbau mit der Aufschrift „Kaufhaus Trend", ließ ein zehnjähriges Mädchen seinen Pudel auf eine Bank rauf und runter springen.Er stand auf, warf einen Blick zum Himmel und ging hinüber zum Eiskiosk. Die Verkäuferin lächelte ihn an, braungebrannt, in schulterfreiem Kleid.

Mit den Eistüten zog er sich in das Auto zurück. Seine Hände zitterten.

Winkend kam Gritt zurück.

Beim Einsteigen sagte sie: „Es ist ganz in der Nähe!.. Für mich? Hm... Lecker."

Sie zungenschlappte um die Eiskugeln und als die verschwunden waren, biss sie die Spitze der Waffeltüte ab und saugte sie gurgelnd aus.

Am Schluss stopfte sie sich den Waffelrest in den Mund und fuhr los.

Auf die Schilderung des Boxkampfes verzichtete er. War ja auch keiner.

Sie verließen die Dorfstraße und gerieten auf einen buckligen Weg, und dann kam er, der langersehnte Wald. Städter wissen genau, was ein Wald ist.

Muss riechen wie Ikea-Möbel. Muss grün sein wie ein Weihnachtsbaum. (Am Tag mit glänzenden Goldkugeln, Lametta erst zur Nacht). Muss sich anhören wie fernes Autobahnrauschen. Und muss dunkel sein wie Lieschens Achselhöhlen. Und, nicht zu vergessen, als Extra ein Weg, ausgelegt mit einem Teppichboden, gleich am Eingang. Der Stoff aus Kiefernnadeln. Tannennadeln angenehm.

War alles vorhanden und auf einem Weg der geforderten Art liefen sie dahin, und da war auch schon das Knusperhäuschen, die Datsche, seitlich davon ein Schuppen mit Außenbedürfnis.

Gritt schrie „Blumen!" und fiel über die gelb gesprenkelte Wiese her.

 Da verschlug es ihr die Sprache.

Vor ihr, etwas tiefer gelegen, ein See bis zum Horizont. Vielleicht die Ostsee? Nein, dem Stand der Sonne nach die Südsee.

Martin machte eine Visite rund um seine Immobilie. Kein Knusperhäuschen. Schindeldach, die Fassade aus Blech, zwei Fenster nach Süden, eine dünne Holztür, drei Stufen aus morschen Planken. Und alles stand auf vier Betonsteinen.

Er zuckte die Achseln und schlendete zu Gritt, die Hände in den Taschen, zwischendurch drehte er sich ein paar Mal um. Ist ja nicht die Möglichkeit, das Ding!

Und dann stand er bei ihr und sah den See.

„Du hast ein Wassergrundstück, gratuliere. Je, bist du reich! Ein Haufen Geld und noch so ein Grundstück! Kommst du mit?"

Über schiefe Steinstufen liefen sie hinunter zu einem wackligen Steg. Ein Ruderboot, das einmal grün gewesen sein muss, lag zur Hälfte auf dem steinigen Ufer.

Sie sprang hinein und schöpfte mit einer Blechbüchse das Wasser aus dem Boot.

Er zog sich die Schuhe aus.

Dann schoben sie das schwere Stück Holz in den See und stießen ab.

Die Ruder, mit denen Martin das Wasser schlug, waren aus dem Training und steif in den Gelenken, bei jedem Zug knackten sie, während Gritt ihre Hand im Wasser mitschleifen ließ. Ringsum kein Laut, bis eine Möwe angriffslustig aufkreuzte.

„Da! Dort! Siehst du! Auf dem Felsen ist ihr Nest. Ruder mal hin."

Knacks, das rechte Ruder war hin. Er versuchte mit dem breiten Teil zu paddeln.

„Du machst das falsch", sagte sie. „Gib mal her. Ich zeig's dir. Hab das bei den Jungen Pionieren gelernt."

Er reichte es ihr, sie fasste zu, aber nicht genug, das nasse Holz rutschte ihr aus der Hand. Platsch, da lag's im Wasser.

„Moment. Ich hol's."

Sie beugte sich hinüber, das Boot half ihr durch Zuneigung, Martin lehnte die Hilfe ab, das kam nicht gut an, das Boot schwankte zornig und so fanden sich alle wenig später vereint im Wasser: das Boot, das abgebrochene Ruder, Martin und Gritt. Das Ruderstück entfernte sich, freundlich mit seinen Enden winkend.

„Bei den Pionieren gelernt, was?"

„Genau. Das Schwimmen auch."

„Und was folgt jetzt im Buch des jungen Pioniers?"

„Am Boot festhalten und zurückschwimmen."

Sie klammerten sich ans Heck. Prustend bugsierten sie das Boot zur Anlegestelle. Die nassen Kleider breiteten sie im Gras aus, wenig später dampften sie in der Sonne.

„Jetzt kuck ich mir die Villa an", sagte sie, reckte und streckte sich in der Sonne und marschierte los. Nackt wie sie war.

„Vergiss nicht anzuklopfen!" antwortete er. „Du erschrickst sonst die Leute."

Sie rüttelte an der Tür. Den Schlüssel fand sie traumwandlerisch hinter einem der Ecksteine.

Drinnen sah es wüst aus.

Ein wackeliger Tisch, zwei Stühle, ein Holzherd mit einem Ofenrohr, ein Schrank, eine Truhe, ein Bett mit muffiger Matratze, ein paar leere Regalbretter. Die Wände waren aus Spanplatten, das Blech außen diente nur als Wetterschutz.

„Eine proletarische Datsche. Aber man kann was daraus machen!"

Und in Gedanken warf sie schon das Gerümpel hinaus, der Fußboden erhielt honiggelbes Fertigparkett, darauf Möbel aus hellem Fichtenholz, und Strom muss her, natürlich, man will ja auch mal fernsehen, und Tapeten und...

Sie begann zu frösteln und trat ins Freie. Martin lag im Gras, das Kinn auf die gekreuzten Unterarme gestützt, und besah sich die Welt.

Im Eichenwipfel am Wiesenrand hingen goldene Trauben, Trauben aus Licht, sie drehten sich, und die warme Erde unter ihm antwortete auf jeden Schlag seines Herzens mit einem sanften Gegendruck. Und da, Gritt splitternackt! Sie schritt durch das Gras, die Füße nach vorn schleudernd, als wenn sie einen Fußball vor sich hinstieße, dann kniete sie nieder und zupfte kleine Blumen. Wo wollte sie denn die hinstecken? Ist doch klar. Sie streute sie auf seinen Rücken und, schwupps, lag sie schon selber darauf.

„Und jetzt lieben wir uns!"

Er drehte sich um, sie purzelte ins Gras.

„Nein! Keinen Sex!"

„Ach was. Hier ist doch niemand."

„Ich will nicht!"

Er sprang auf. Ganz plötzlich war er zornig.

„Was denn? Hab ich dich geärgert?"

Sie tat erstaunt.

„Verstehst du denn immer noch nicht?" Er rannte hin und her, suchte seine Kleidungsstücke zusammen. „Muss ich dir das immer wieder erklären? Was Sex ist! Chemie! Hormone! Du wirst gelenkt von chemischen Atomen! Ich lehne das ab! Ich lenke mich selbst! Jawohl! Ich bestimme, was mit mir passiert. Ich habe Macht über meine Atome! Und nicht die über mich... Aber du... du bestimmst... und machst mir alles kaputt!"

„Was haben die Atome mit Liebe zu tun?" Herausfordernd versperrte sie ihm den Weg. „Und was bin ich für dich? Vielleicht bloß ein Sack voll Atome? Pfeif auf die Atome!" schrie sie.

Er zog sich die Hosen an.

Jetzt hatte sie wirklich die Nase voll.

„Du spinnst ja!"

„Ja, das hab ich schon gemerkt, dass du mir nicht glaubst!" Die Hose war feucht. Aber was tut man nicht alles in großer Gefahr. „Ja, nichts glaubst du. Was... Was glaubst du... was..." Vor Aufregung verhaspelte er sich. „Nein! So nicht! So geht das nicht! Wenn du nicht an mich glaubst, dann wird das nichts mit uns. Dann lass mich lieber in Ruh! Geh! Ja! Geh!.. Du stehst mir schon wieder im Weg!"

„Blödsinn! Hinter dir liegen meine Klamotten! Pass doch auf! Du trittst noch drauf mit deinen Dreckstiefeln!"

Sie raffte ihre Kleidungsstücke zusammen. „Na schön! Wie du willst! Dann ist es eben aus mit uns! Meinetwegen." Jetzt hatte sie auch noch den Slip falsch herum angezogen. Also noch mal von vorn. „Aus und vorbei. Ja, und weißt du was? Ich werd noch verrückt an deiner Seite. Du machst mich neurotisch! Du bist neurotisch! Es gibt nichts Natürlicheres als Sex. Alle tun es! Schau dich um in der Natur! Überall!" Sie schluchzte wütend. „Noch nie in meinem Leben bin ich so beleidigt worden!"

Sie waren angezogen, standen sich wie zwei Ringer gegenüber, die nicht wussten, wie es jetzt weiterging.

Herr Ringrichter!

„Also... Ich geh jetzt… Wie du willst!" Sie marschierte in Richtung Auto. „Und ich sag dir was. Du bist ein Feigling! Feigling! Feigling! Ja! Und weißt du, was du noch bist? Größenwahnsinnig!"

Er trottete hinterher.

Natur!

Was ist schon Natur.. Aber der Geist! Ja, der Geist. Davon verstehen Frauen nichts, das ist mal klar. Ein geistiges Werk hat ihn in einer denkwürdigen Nacht zu etwas Großem verwandelt, ein Buch war das, und das hat ihn auf eine höhere Bewusstseinsstufe gehoben. Höher als die ganze Natur jedenfalls, einschließlich Sex und so weiter… Und jetzt hatte er die durchaus berechtigte Befürchtung, er könnte von einer Frau wieder auf die niedrigere Stufe zurückversetzt werden. Frauen ziehen einen immer runter!

Ja, dann ist es besser, der Mann geht seinen Weg.

Sie waren beim Auto angekommen.

Von wegen, ein Mann geht seinen Weg.

Ohne ihn anzusehen, sagte sie: „Ausnahmsweise fahr ich dich noch zum Bahnhof."

Der war wirklich nicht weit, den Weg hätte er auch gehen können. Wenige Minuten später saß er als einziger Fahrgast in der S-Bahn. Draußen die kleinen Häuser inmitten von Hecken und Bäumen, das war auf einmal so fremd, so unwirklich, davon bekam man eine Gänsehaut.

Im Waggon ertönte das dreifache Abfahrtsignal, die Türen gingen zu, mit einem Ruck setzte sich die Bahn in Bewegung.

Mit sanftem Ton begann sie zu singen, je schneller sie fuhr, um so höher sang sie, bis sie ihre Normalgeschwindigkeit erreichte, dann brummte sie einen ruhigen Sound. Ein Brummkreisel.

Während am Fenster Häuser und Bäume vorbeiflogen, hing Martin verschwommenen Gedanken nach, bis sich einer deutlich herausschälte. Wenn die Geschichte mit Gritt zu etwas nütze war, dann musste er daraus eine Lehre ziehen: Zukünftig würde er sich nicht mehr anmerken lassen, dass er ein Mann war. Himmeldonnerwetter!

Es reicht, ein Mensch zu sein.

Und Gritt? Sie ließ den Wagen rollen, bewegte kaum das Lenkrad, er kannte ja den Weg. Sie weinte, aber nur ein bisschen, und auch nur, weil sie ihre Lieblingsballade hörte.

Sie war entschlossen, hart zu bleiben. So ging es nicht weiter. Den Helm würde sie eben alleine suchen. Das war auch besser so. Der Mann raubte ihr Nerven und Zeit. Bislang hatten sie nur Misserfolge. Es bestand die Gefahr, dass sie den Helm nicht fand. Das Hochziehen der Türme ging schneller als gedacht. Aber dann sollte der Martens sie kennenlernen. Sie würde eine Story schreiben. Brutal und ungeschminkt. Über ihn. Ganz cool und amerikanisch würde sie schreiben... Ja, wie die Reporter damals, wie hießen die gleich, ja, die bei Watergate...

Watergate. Himmel! Heißt water nicht Wasser?

Jetzt weinte sie wieder.

32

Nachdem Martin entschieden hatte, kein Mann mehr zu sein, wachte er nächsten Morgen frohen Mutes auf, schwang die behaarten Beine über die Bettkante, und da traf es ihn blitzartig: Ist das gerecht, die Wahrheit geschenkt zu bekommen, sie aber nicht mit anderen zu teilen? Wäre das im Sinne von Ben? Und soll von seiner Doktorarbeit niemand etwas erfahren? Nein! Sie gehört nicht nur einem Menschen, sie gehört der Menschheit!

Am Nachmittag, vor Beginn seiner Heilarbeit, trat er zu Gaetanos Verblüffung mit einem DIN-A-4-Papier in das überfüllte Wartezimmer und las feierlich folgenden Text vom Blatt:

„Meine Damen und Herren! Sie sind bestimmt gekommen, weil Sie gehört haben, ich bin ein Wunderheiler. Das bin ich nicht, bei mir gibt es keine Wunder, bei mir ist alles wissenschaftlich. Das will ich Ihnen heute sagen, weil es wichtig für Ihr Leben ist, ja, es ist wichtig für die gesamte Menschheit.

Mein großes Glück war die Bekanntschaft mit einem Genie, Ben Wanders heißt er, merken Sie sich den Namen, er wird einst als Stern am Himmel der Wissenschaft strahlen. Wer seine Doktorarbeit zu lesen wünscht, ich werde ihm gern eine Kopie aushändigen.. Ben Wanders stellt sich in seinem Lebenswerk die Frage: Was sind wir? Und seine Antwort lautete: Atome! Das sind die kleinsten Teile der Welt, kleiner geht's nicht, und aus diesen geradezu unsichtbaren Teilchen besteht alles, aber auch wirklich alles, was es gibt auf der Welt, vom Sandkorn bis zu den Galaxien. Übrigens auch wir Menschen. Aber in Wirklichkeit – und das ist das Sensationelle, das hat er in seinen Rechnungen bewiesen – ist es noch viel weniger, denn Atome sind Energie, völlig unsichtbar, und so ist alles das reine Nichts..

Auch wir sind nichts. Wir sind bloß Illusion. Das ist eine große Entdeckung, und sie ist, wie gesagt, wissenschaftlich begründet. Was bedeutet das für uns? Das muss man sich fragen. Und so frage ich: Können wir so weitermachen wie bisher? Nachdem wir wissen, was alles ist? Atome und Illusion? Da wir nun die Wahrheit wissen, müssen wir unser Leben verändern, sonst belügen wir uns. Wozu immer mehr Dinge haben wollen, wenn es doch nichts ist? Und wie kann einer sich für was Besseres halten, wenn auch er bloß aus Atomen besteht? Wieso will einer höher steigen und immer höher, wenn es keinen Gipfel gibt? Keinen Gipfel der Macht, keinen Gipfel des Reichtums, höchstens einen Gipfel der Illusionen? Das ist doch Dummheit. Nein, leben wir jetzt der Wahrheit gemäß: wir sind ein Nichts. Darum lasst uns friedlich, freundlich und bescheiden sein. So werden wir immer gesund und glücklich auf unserem schönen Planeten leben!"

Gaetano war bewegt. Die letzten Worte der Rede hatten ihn sehr gefallen, aber die Stellen mit dem Nichts und der Illusion mochte er überhaupt nicht.

So was wie das Nichts war unmöglich. Das widersprach seiner Lebenserfahrung und zwar total.

Wieso schmeckt der Wein so gut? Warum sind Frauen so was Wunderbares? Und, Tina, seine Frau, soll Illusion sein? Sag ihr das! Und was ist mit der Stadt? Oder mit Sizilien? Eh? Mittelmeer! Madonna! Da kriegt man ja Angst..

„Besser von Wiedergeburt reden, Martin, das macht Stimmung, ist gut für die Seele. Vielleicht man wird Chef im neuen Leben, Filmstar, Bankmanager, kann auch sein

Polizist, Friseur, oder besser Millionär, auch Fußballerprofi nicht schlecht und statt Deutscher bei viel Glück Italiener."

„Hast du meinen Vortrag nicht begriffen?" unterbrach ihn Martin heftig. „Es geht um die Wahrheit Und um unser Leben!!" Und dann fügte er hinzu: „Die Rede halt ich jetzt jeden Tag. Ich lern sie noch auswendig."

Da erschrak Gaetano.

„Was du denkst, Martin... Jeden Tag Rede, das sind viele Stunden im Monat! Besser du machst Heilkunst!"

Aber Martin bestand darauf. Die Rede müssen die Leute hören, basta.

Danach assistierte ihm Gaetano mehr automatisch als konzentriert.

Die Vorstellung, die sonderbare Idee vom Nichts würde sich überall verbreiten und brächte die Leute womöglich auf den Gedanken, es ist eh alles nichts, darum könne man auch auf die Heilkunst verzichten, quälte ihn derart, dass er am Abend kaum sprach und nachts nicht schlafen konnte.

Erst weit nach Mitternacht fand er die Lösung und ein wenig Schlaf. Noch bevor er gefrühstückt hatte, klingelte er an Martins Tür und setzte sich zu ihm an den Frühstückstisch.

„Höre, Martin, ich habe nachgedacht. Gute Rede, wirklich. Aber täglich Rede kostet Zeit und Kraft, und deine ganze Kraft ganz wichtig für Atomheilkunst. Also, weißt du was, wir bringen Rede auf Tonbandkassette. Du sprichst Rede auf Tonband, ich mache Kassetten davon und alle Leute können sie bekommen. Kassette mit Originalrede von dir. Die Leute nehmen sie mit, Familie kann hören, Nachbar kann hören, Kiez kann hören, ja, ganze Welt kann hören... Capisce?"

„Großartig!" sagte Martin und freute sich sichtbar. Er dankte Gaetano für die großartige Idee.

Und Gaetano?

Nachdem er Martins Rede auf Band genommen hatte, fertigte er davon zehn Kassetten an. Er stapelte sie auf den Tisch neben das Atombild und stellte eine weiße Klappkarte davor, darauf stand: „Kassette mit Originalrede von Atomdoktor persönlich. Produktionskosten 9,50 DM."

Sie blieben liegen, das hatte er erwartet, doch damit Martin sah, wie gut sie gingen, ließ er während der Praxis heimlich dann und wann eine Kassette verschwinden, bis am Abend keine mehr vorhanden war. Am nächsten Tag legte er sie wieder hin.

33

Alles lief gut für den Super-Bauinvestor der Stadt. Die Türme waren fertig, 240 m hoch, 70 Stockwerke, seine Büroetage sollte in einem der Türme eingerichtet werden, sein Stab hatte schon alle Einzelheiten festgelegt.

Der Einzug, so beauftragte er seine PR-Abteilung, sollte ein Fest für die ganze Stadt werden. Und natürlich auch eine Werbung für ihn weit über die Grenzen des Landes hinaus.

Interviewanfragen aus Presse und Fernsehen lagen schon vor.

Er war daher völlig entspannt, als er sich am späten Abend in seinen Ledersessel sinken ließ und nach dem Bericht des Privatdetektivs griff. Für ihn war die tägliche Lektüre eine Art Daily Soap mit dem Titel „Die Jagd nach dem Helm".

Er nippte einen Cognac, er knabberte Salzstangen und gickerte beim Lesen dann und wann. Vor allem, als er zu der Szene am See kam. Da musste er sogar laut lachen, sein Lachen knarrte wie das Anziehen einer Handbremse. Der Bericht endete mit einer Frage: „Da Zielobjekte sich getrennt, was tun? Erbitte Anweisung."

Ja, was tun. Zwei Zielobjekte auf getrennten Wegen verfolgen, das hieße, entweder einen zweiten Mann beauftragen, was die Sache unnötig aufblasen würde, oder man müsste ein Objekt links liegen lassen. Aber welches?

Er griff nach seinem Mobiltelefon und ein paar Sekunden später, irgendwo in der Stadt, hörte ein vor seinem Computer sitzender Mann eine Stimme, die ihn aufforderte, nicht mehr das weibliche, sondern nur noch das männlichen Zielobjekt zu verfolgen.

Denn – davon war der Anrufer überzeugt – das „weibliche Zielobjekt" würde dem „männlichem Zielobjekt" nicht lange fernbleiben können.

Der Mann legte das Mobiltelefon beiseite, biss noch einmal in den trockenen Streuselkuchen, klatschte sich die Krümel von den Händen und öffnete im PC die Datei „krim.doc."

Leise durch die Zähne pfeifend, begann er mit zwei Fingern zu tippen:

„Eines Nachts, als er gerade mit seiner Freundin richtig loslegen wollte, rief der geheimnisvolle Auftraggeber an und seine brüchige Stimme sagte, dass von dem Pärchen nur noch der Mann zu verfolgen sei. John Miller hielt das für einen Fehler, er schätzte die junge Frau für weitaus verdächtiger ein, aber Auftraggeber sind nun einmal am längeren Hebel, und so beschloss er, am nächsten Morgen als Erstes die Spur des Mannes aufzunehmen."

34

Inzwischen fand im Hause Manzoni ein Gespräch unter Frauen statt. Frau Manzoni begann es ganz vorsichtig.

„Du kannst mir ruhig alles sagen. Ich bin jetzt deine große Schwester."

„Ja, ich weiß! Erst hörst du zu wie eine Schwester und dann redest du wie eine Mutter!" antwortete Katja.

Sie standen im Badezimmer. Katja suchte ihre Make-up-Utensilien zusammen: Wimperntusche, Schminkpinsel, Lidschatten-Palette, Puderdosen, Nagellack, Parfümflakons, Lieblingsseife...

„Also, das ist nicht wahr", sagte ihre Mutter entrüstet. „Ich wünschte, meine Mutter hätte so mit mir geredet! Ehrlich gesagt, sie hat gar nicht mit mir geredet. Das war damals kein Thema! So wie heute über alles geredet wird! Das gab es damals nicht! Da siehst du, wie gut es dir geht!"

„So.. ja.. Dann habt ihr damals wohl nur übers Wetter geredet. Ach, Ma.. Ich geh zu Markus, nicht euretwegen, ich tu's meinetwegen! Er hat gesagt, er kennt einen bekannten Modedesigner, ist mit dem sogar befreundet.. Der sucht frische Gesichter für seine Models. "

„Aber deswegen gleich zu ihm ziehen!"

„Ist doch nur für ein paar Tage! Weil er nicht genau weiß, wann er kommt, heute oder morgen. Ich soll jedenfalls schon da sein und dann kann er sehen, wie ich gehe und stehe und sitze, wie ich rede.. Versteh doch.. Von Models verlangt man heute mehr. Das geht nicht einfach so: Hinkommen, sich angucken lassen und fertig. Er will, dass ich groß rauskomme. Und nicht für Unterwäsche in Kleiderkataloge! Für richtige Modeschauen. Und das ist genau das, was auch ich will!"

„Mein Gott, Kind! Wenn das bloß alles stimmt."

Frau Manzoni faltete die Hände, als wollte sie für ihre Tochter beten.

„Ich sag die Wahrheit."

„Ja, du.. Aber er!"

„Das wagt er gar nicht. Mich anzulügen. Dazu kennt er mich zu gut.."

Sie warf eine Spraydose in die Reisetasche.

„Was war das?"

„Pfefferspray."

Die Mutter legte ihren ganzen Kummer in einen Seufzer.

„Kind, so sag mir wenigstens die Adresse!"

„Wieso? Damit plötzlich Papa vor der Tür steht und den Irren spielt. Nein, Ma... Ich geb dir die Telefonnummer, aber behalt sie für dich. Sonst krieg ich alle paar Sekunden einen Anruf von Papa."

Die Reisetasche war voll, da fuhr auch schon mit quietschenden Reifen der rote Sportwagen vor.

Gaetano sah ihn und wunderte sich. Erstens war es noch keine neun, der Laden war noch geschlossen, zweitens blieb der Kerl sitzen und dann.. Mit einem Sprung saß Katja neben ihm, der Motor heulte auf und Auto samt Tochter verschwanden.

Da schrie Gaetano, man hatte diesen Schrei noch nie gehört, seine Frau kam die Holztreppe mehr heruntergestürzt als gelaufen.

„Gaetano, beherrsch dich!"

„Hast du die Tasche gesehen, hast du gesehen... Was hat sie getan! Sag es mir... Ich weiß nicht, was hab ich gesehen? Was tut sie... mit diesem ..."

Und obwohl er ihr geschworen hatte, es nicht wieder vor dem Schaufenster zu tun, riss er das Haarteil vom Kopf und zerstampfte es, zermalmte es, planierte es.

„Du machst es ja kaputt", rief sie und versuchte zwischen den wirbelnden Füßen das Toupet zu fassen, schließlich stieß sie ihn weg, er taumelte gegen den Frisierstuhl, der drehte sich, und er rutschte mit dem Oberkörper unter die Frisierkommode, dort blieb er und rührte sich nicht mehr.

„Gaetano!" Sie warf sich auf den Boden. „Lebst du noch?"

„Nein", sagte er dumpf. „Ich bin tot, getötet von meiner Tochter."

Noch einer hatte die Abfahrt des Autos beobachtet. Katja hätte sein Gesicht bemerken können, er stand ganz dicht am kohlestaubigen Schaufenster. Aber sie sah ja nicht rüber. Und er begriff.

Es war Zeit, höchste Zeit.

35

Am nächsten Tag war Gaetano nicht zu gebrauchen. Sie konnte sagen, was sie wollte. Er bleckte die Zähne wie ein getretener Hund, fauchte wie ein gereizter Kater. Er verlangte die Adresse, er bekam sie nicht. Sinnlos, das Toupet herunterzureißen, es war schon fort. Die kahle Stelle, auf der auch nach Martins Behandlung kein Haar wachsen wollte, blieb sichtbar, es war ihm egal. Er brauchte die Adresse.

Frau Manzoni klebte vorsichtshalber einen Zettel an die Ladentür:.

„Wegen Krankheit geschlossen!"

„Wer ist hier krank, wer, eh?"

Er fetzte den Zettel von der Tür.

Sie heftete einen neuen an. Er riss ihn wieder ab. Sie gab nicht auf. Den dritten Zettel ließ er hängen, mit bösen Augen sah er sie an, es war eine Verschwörung von Frau und Tochter. Ab sofort sprach er nur noch Italienisch.

Das mochte sie nicht, das wusste er sehr gut. Und jetzt wurde er besonders fies: er legte Zärtlichkeit in seinen Ton, so viel Zärtlichkeit, dass es ihr warm den Rücken herunterlief und sie hinhören musste.

Er sagte Folgendes auf Italienisch:

„Ah, wenn du wüsstest, wie ich dich liebe, mein Herz! Du hast die Augen meiner Mutter, den Busen meiner Tante.. Du bist meine Sonne, aber du bist ein Luder, ja,ja, du bist mein Unglück, du bist der Irrtum meines Lebens, ich könnte sterben vor deinen Augen, nur um dir zu zeigen, du Ungeheuer, was ich denke, verstehst du, mein Herz, du Weib des Teufels.."

Sie hatte hinter dem Vorhang gelauscht, einige Worte verstand sie, aber als Zorn seine Stimme schärfte, schlug sie das Tuch zurück: „Sprich Deutsch zu mir! Ich bin Deutsche."

„Und ich Italiener!" schrie Gaetano.

In seinen Mundwinkeln sammelten sich Speichelbläschen.

„Das bist du nicht!"

„Meine armen Eltern sind Italiener, meine Muttersprache Italienisch, wozu deutsche Sprache, eh?"

„Meinetwegen."

So schlicht gesagt, dass es ihm die Sprache verschlug.

Er schluckte den Speichel herunter und sagte: „Jetzt Hausreparatur."

Und damit traf er sie, mitten ins Herz traf er sie. Und sie konnte nichts dagegen tun. Das war nämlich wirklich seine Aufgabe: Reklamationen der Mieter zu bearbeiten. Er griff sich die Werkzeugtasche und ging.

Sie dachte sofort an die neue Mieterin. Schon bei der ersten Begegnung waren ihr die Augen des Mädchens aufgefallen. Mühelos konnte sie darin Olivenbäume sehen, Berge, einen weiten Himmel, Holzfeuer in der Nacht und einiges mehr, sie brauchte sich überhaupt nicht anzustrengen, ähnliche Augen befanden sich nämlich seit Jahren in ihrer Nähe.

Sie hatte das Mädchen nicht als Mieterin gewollt, nein, auf keinen Fall. Dann sah sie die hängenden Schultern, das billige Kleid, den trotzigen Mund. Mein Gott, so ein junges Ding, vielleicht erst achtzehn und ganz allein in der großen Stadt. Da ist auch eine Mutter, irgendwo in einer Kleinstadt oder in einem Dorf, und betet, dass alles gut geht.

Am selben Tag zog die neue Mieterin ein, sie hatte wenig Gepäck. Pünktlich zahlte sie die Miete, dann stellte sich heraus, sie war Tänzerin in einer Diskothek, arbeitete nachts und schlief am Tag.

Und jetzt sah Frau Manzoni wieder die Augen deutlich vor sich und wenn es auch deutsche Augen waren, sie hatten die Glut sizilianischer Augen.

Sie warf das Wischtuch in die Spüle, zog den Kittel aus und begann ihren Mann im Haus zu suchen.

Sie klingelte bei der Dunkeläugigen, stürmte an dem halbschlafenen Mädchen vorbei, in jedem Winkel sah sie nach, obwohl es da nicht viel zu sehen gab: die Zimmer hatten kaum Möbel, und unter dem Bett konnte er auch nicht sein, das Bett war eine auf dem Boden liegende Matratze.

Ohne ein Wort der Erklärung rannte sie zur Wohnung einer jungen Frau, bei der Gaetano schon dreimal den Wasserhahn repariert hatte, nichts, also weiter und so eilte sie zu allen allein wohnenden Frauen des Wohnblocks, den Flügel mit den Türken konnte sie auslassen.

Überall dasselbe Ergebnis. Kein Gaetano! Jetzt bekam sie Angst. Wo konnte er bloß sein? Sie lief in den Keller. Nichts. Blieb noch der Dachboden. Atemlos kam sie oben an, die Tür war offen, und als sie eintrat, sah sie ihn.

Er saß auf seiner Werkzeugtasche in der Mitte des staubigen Dachbodens, unter der aufgeklappten Dachluke, ein alter, fast kahlköpfiger Mann, er betrachtete das Stückchen Himmel über sich. Er hörte sie nicht oder tat wenigstens so.

Sie beugte sich über ihn und seine schwarzen bitteren Augen trafen die ihren, und er sagte:

„He! Wer jetzt hier italienisch? Cara mia. Du bist eifersüchtig. Und ich bin treu. Wie ein deutscher Schäferhund. Si, ti amo."

Beide gingen den Rest des Tages still und behutsam miteinander um.

Am Abend fanden sie sich früh im Bett, es war ein großes Verlangen nach Zärtlichkeit in ihnen.

36

Klaus war fertig mit seiner Arbeit, nur noch mal alles kontrollieren. Dann konnte es los gehen. Und er wird sagen, was er schon lange sagen will.

Was ihr Sohn da unten in seiner Werkstatt tat, wusste die Kohlen-Erna nicht, aber es schien ihm gut zu tun.

Der Ernst seiner Augen war einem Strahlen gewichen, er lächelte bei der Arbeit. Bestimmt hatte er etwas vor, das freute sie. Und er würde Erfolg haben. Das Leben hatte ihm sehr früh seine Härte gezeigt, jetzt durfte er damit rechnen, dass es ihm seine Freundlichkeit zeigte. Es war ihr unerschütterliche Glaube, dass er eine Vorleistung gebracht hatte, jetzt musste das Leben liefern.

Es war kurz vor 23 Uhr, da zog er sich seine neue Bomberjacke an, stopfte das Päckchen unter die Jacke, und ging. Er hätte die U-Bahn nehmen können, aber er hatte Zeit, vor Mitternacht wollte er nicht da sein.

Die Luft war angenehm. Sein Schritt war locker und leicht, ganz wie damals in der Novembernacht. Kurz vor

Mitternacht, wie geplant, kam er an. Das Auto stand, wie er schon bei seinen heimlichen Erkundigungen gesehen hatte, im Parkhafen vor dem Haus. Im matten Schein einer Laterne glänzte der rote Lack.

Er blickte hinauf zum Penthouse, dort brannte Licht, das war ihm recht. Keine Menschenseele sonst zu sehen, das hier war eine vornehme Gegend, ganz anders als in seinem Kiez, entweder war man hier in der Oper oder auf einer Gesellschaft, auf keinen Fall aber auf der Straße.

Er zog das Päckchen aus der Jacke, ging zum Auto hinüber, kniete nieder, schob das Päckchen sachte unter die Vorderachse des Wagens.

Er sah sich noch einmal um, dann zündete er die Lunte an.

Nach seinen Berechnungen würde es 30 Sekunden dauern.

Auf der gegenüberliegenden Straßenseite hingen über einer Gartenmauer die Zweige eines Fliederbaumes, in seinem Schatten versteckte er sich. In diesem Augenblick ging drüben die Haustür auf, er erkannte Katja an der schlanken Gestalt. Die Reisetasche in der Hand, kam sie heraus, ging ein paar Schritte, blieb plötzlich stehen und wendete sich zum roten Auto.

Er wollte schreien, brachte aber nur einen würgenden Laut heraus.

Sie hob etwas vom Boden auf – was um Himmels willen tut sie da? –, sie holte aus, um den Gegenstand auf die Windschutzscheibe des Autos zu schleudern, da flog es vorne krachend und scheppernd nach oben, Rauch stieg auf, kleine Flammen schlugen aus der Motorhaube.

Er muss schon vor der Detonation losgerannt sein, kam aber zu spät, sie lag am Boden, ihre Beine bluteten. Sie richtete sich auf, sah Klaus, sah ihn ungläubig an, dann begriff sie.

„Hau ab!", schrie sie, „so hau doch ab!"

Er zerrte sie vom brennenden Wagen weg an die Hauswand, stopfte seine Jacke unter die verwundeten Beine. Seine Hände wurden blutig, sie boxte ihn weg: „Nun lauf doch endlich.. lauf!"

Aber er wollte nicht, sollten sie tun mit ihm, was sie wollten, es wäre nicht schlecht, wenn sie ihn umbrächten. Er wischte sich über das nasse Gesicht.

Fünf Minuten später waren Polizei und Feuerwehr da, ohne Widerstand ließ er sich festnehmen, ja, er hatte auf sich gezeigt und auf das Auto. Katja wimmerte und schimpfte abwechselnd.

Und Markus stand fluchend unter der Laterne, im Seidenpyjama. Er trat nach seinem Bodyguard, der ihn wie ein schuldbewusster Hund umschlich, und gab der Polizei nur die eine Auskunft: „Gepennt hab ich, was denn sonst, ich weiß von nichts."

Um Katja kümmerte er sich nicht, stöhnend lief er um das Autowrack, da war nichts mehr zu retten.

Katja sah noch, wie Klaus in das Polizeiauto geführt wurde, dann wurde sie in den Krankenwagen geschoben, sie schrie: „Meine Tasche!", man reichte sie ihr nach, dumpf schlug die Tür des Krankenwagens zu, dann kehrte wieder Stille ein in der ach so vornehmen Gegend.

Markus lag auf dem Sofa in seinem Penthouse, ein nasses Tuch auf der Stirn, sein Leibwächter reichte ihm einen Whisky, er sagte: „Nee... Das war der nicht. Nicht dieser Dussel. Never... Verstehste. Ich bin ne Größe im Geschäft, damit machste dir keine Freunde. Du hörst sofort rum, wer dahintersteckt. Russenmafia? Spaghettimafia? Na warte, denen reiß ich den Arsch auf.."

37

Um acht Uhr holte Kohlen-Erna ihren Sohn vom Polizeirevier ab. Er hatte ein Geständnis unterschrieben. Vorläufig kam er auf freien Fuß.

Noch in der Nacht rief Katja ihre Eltern an, damit sie sich keine Sorgen machten. Na, jetzt hätte sie mal sehen sollen, wie beruhigt ihre Eltern waren. Sie sausten sofort in das Krankenhaus. Bis auf die Wunden an den Beinen hatte sie keine weiteren Verletzungen. Um zehn Uhr konnte ihr Vater sie im Rollstuhl nach Hause fahren.

Um eins besorgte sich Klaus einem Blumenstrauß. Seine Mutter hatte es ihm empfohlen. Er zögerte. Sie solle mitkommen, bat er mit einer scheuen Handbewegung.

„Nein!", sagte sie, „das ist dein Bier."

Er hatte sich fein angezogen, die Haare nass gekämmt, aber was in seinen Augen war, war nicht wegzuwaschen, und darum war es ihr leicht gefallen, „Nein!" zu sagen.

Recht besehen waren Gaetano und seine Frau ganz erleichtert. Nachdem Katja ihnen erzählt hatte, was für ein Halunke „der da" war, mussten sie dankbar sein, dass ihrer Tochter nichts Schlimmeres widerfahren war.

Darum sagten sie, als jetzt Klaus herüberkam, in seinem feinen Anzug und mit einem riesigen Blumenstrauß, nichts weiter als: „Na, geh schon. Sie ist oben in ihrem Zimmer."

Er stieg langsam die Wendeltreppe hoch, ging durch das kleine Wohnzimmer und blieb stehen: er hörte Katja halblaut schimpfen. Die Tür zu ihrem Zimmer war nur angelehnt, er nahm allen Mut zusammen und klopfte.

„Na, was soll das, seit wann klopft ihr an", rief sie.

Er trat ein.

Sie saß im Bett, die Decke aufgeschlagen, und betrachtete ihre verbundenen Beine. Ein feiner Veilchenduft kam vom Bett.

„Siehst du, was du angerichtet hast? Ich sollte dich umbringen."

Er ließ den Kopf hängen.

„Na, gib mir die Blumen und steh nicht rum. Setz dich.. nein, nicht aufs Bett. Auf den Stuhl. Meine Klamotten leg auf den Hocker."

Sie hielt sich die Blumen vors Gesicht und wartete, bis er umständlich ihre Unterwäsche vom Sitz genommen und sorgfältig auf den Hocker gelegt hatte. Dabei schnaufte er und sah todunglücklich aus, weil immer wieder etwas runterfiel.

Alles aus rutschiger Seide!

„Du meine Güte. Nun lass es doch endlich liegen."

So blieb das glänzende Etwas auf dem Fußboden, zu seinem Leidwesen, denn er musste immer hinschielen, auch noch, als er schon auf dem Stuhl saß. Sogar im Bett trug Katja was Feines.

So fein war es, dass es fast durchsichtig war.

Überdies waren jetzt auch noch seine Hände leer, sein Unglück wollte einfach nicht aufhören, er wusste nicht wohin mit ihnen, er legte sie mit der heißen Fläche auf die Knie und starrte die Pranken an.

„Warum bist du nicht weggerannt? Wie kann man so blöd sein, eine Bombe legen und dann auf die Polizei warten? Und was, wenn ich nicht mehr gehen kann?"

Endlich konnte er mit den Händen was tun. Er blickte auf und sagte mit ihnen: „Ich hab das nicht gewollt."

„Ja, das weiß ich. Und darum solltest du ja auch ausreißen."

Ihre Stimme klang besänftigt.

Sie schwieg und schien auf seinen unterdrückten Atem zu lauschen. Dann senkte sie die Lider und sagte: „Wirst du mich mit dem Rollstuhl herumfahren, wenn ich nicht mehr gehen kann?"

„Ist es so schlimm?" flatterten die Hände.

„Man weiß es nicht. Ich hab kein Gefühl in den Beinen.." Sie sah, wie er erschrak. „Keine Angst. Die Ärzte meinen, das geht vorbei. Naja. Hoffentlich. Was ist? Wirst du mich herumfahren? Immer an meiner Seite sein.

In Guten wie in.. Hm.. Jedenfalls.. Wirst du immer tun, was ich sage?"

Er nickte.

Vor seinen Augen breitete sich eine endlos weite strahlende Landschaft aus mit duftendem Flieder und Veilchen an den Wegen.

„Gut. Dann werd ich mich jetzt anziehen, und dann geht's los. Warte draußen auf mich. Warte mal, wo ist der Rollstuhl? Unten? Na gut, wenn ich dich rufe, trägst du mich hinunter."

Und von Stund an war er ihr leibeigener Diener.

Etwa um die gleiche Zeit zerbrachen am Poltauer Platz bei einem der fertigen Türme einige Glasscheiben, so an die 50. Nicht sehr viel, bei über 3000 Scheiben. Man vermutete schlampige Arbeit der Handwerker, die Scheiben wurden sofort erneuert. Nur bei den Türen gab es noch ein paar Schwierigkeiten, einige klemmten, hier mussten die Türrahmen ersetzt werden.

In sechs Wochen sollen die ersten Mieter einziehen.

Für den Tag des Einzuges planten Martens und die Stadtverwaltung ein großes Fest. Schon jetzt waren die Zeitungen voll Lob für den Bauunternehmer, der mit seinen drei Türmen ein großartiges Wahrzeichen der Stadt gesetzt hatte, gleichsam als sichtbaren Triumph der Freiheit und Zuversicht über Unfreiheit und Angst .

38

Notiz in einer Stadtzeitung v. 28.6.97: „Auf der Baustelle Scharnweberstraße wurde eine junge Frau von der Polizei verhaftet, die sich als BG-Bau-Prüferin für Helme ausgab. Laut Mitteilung der Berufsgenossenschaft ist von einer Helm-Prüfung nichts bekannt. Nach der Betrügerin und ihrem gleichfalls als Prüfer auftretenden Partner wurde schon seit einiger Zeit gefahndet. Ob es sich um einen Scherz handelt oder um einen geplanten Baustellenanschlag der linken Szene, wird noch untersucht."

Noch vor Erscheinen der Zeitung bekam Martens Wind davon. Er beauftragte seinen Anwalt, Gritt Lohmann aus der Untersuchungshaft zu holen. Der schickte einen Mitarbeiter, einen jungen Mann mit Dreitagebart, zum Staatsanwalt, um in Anwesenheit der Festgenommenen Folgendes zu Protokoll zu geben:

Frau Gritt Lohmann habe in Martens Auftrag gehandelt, der dahingehend lautete, einen bestimmten Helm ausfindig zu machen. In ihrem Übereifer habe sie eine umstrittene Suchmethode gewählt, die allerdings zu missbilligen auch er nicht umhin könnte, jedoch sei zu berücksichtigen, dass die junge Frau aus dem Ostteil der Stadt stamme, aufgewachsen und erzogen in einem völlig anderen Gesellschaftssystem und damit geprägt durch eine andere Rechtsauffassung und sie daher mit den nunmehr gültigen Gesetzen und Rechtsvorschriften nicht vertraut sein konnte. Im Übrigen habe sie ja keinen Schaden angerichtet.

Auch habe die Berufsgenossenschaft von einer Anzeige abgesehen und betrachte mit der Entlarvung der falschen Prüferin den Fall für erledigt.

Der junge Anwalt hatte große Ohren und als der Staatsanwalt einen Augenblick abgelenkt war, ließ er sie für Gritt deutlich sichtbar wackeln. Am Abend trafen sie sich in einer Diskothek und am Morgen frühstückten sie gemeinsam in der Wohnung des Anwalts.

Die Nacht hatte sich nicht als sonderlich aufregend erwiesen, und der junge Anwalt sah bedrückt aus, was ihr leid tat. Sie entschuldigte sich, sie sei unpässlich gewesen. Und im übrigen hätte sie einen festen Freund, er möge sie bitte vergessen. Aber wenn er noch einmal so nett wäre, mit seinen Ohren zu wackeln?

Er tat es.

An eine Aufgabe der Suche dachte sie nicht. Zu viel stand auf dem Spiel. Merkwürdig allerdings, wie sehr ihr Martens behilflich war.

Bei der nächsten Baustelle gab sie sich offiziell als Bildjournalistin aus – einen Presseausweis hatte sie ja –. die für ein Titelbild einen Bauarbeiter mit weißem Helm fotografieren wollte.

Die Sache war komplizierter als gedacht.

Niemand von den Arbeitern begriff, dass sie auch nach dem Anproben des 19. Helmes kein Foto machen wollte. Warum zum Teufel sollten alle ausprobiert werden? Und wieso war die richtige Lage der Innengurte so wichtig?

Am Schluss gab es Streit, wer der Porträtierte sein durfte. Der genervte Bauleiter warf die Fotografin vom Platz.

Auf der nächsten Baustelle behauptete sie, sie müsse einen Berg von weißen Helmen für eine Werbeagentur fotografieren, ob man ihr behilflich sein konnte. Man konnte nicht, das war den Bauarbeitern einfach zu lächerlich.

Und da beschloss sie, mit dem Theater aufzuhören und ehrlich zu sein. Sie sagte, sie suche einen weißen Helm mit einer Zahl auf einem der Gurte. Was daran so wichtig sei? Jetzt musste sie ein bisschen tricksen. Nun, der Helm sei der ihres Freundes, eines Bauarbeiters, der kürzlich bei einem Autounfall tödlich verunglückte, der Helm sei eine persönliche Erinnerung an glückliche Zeiten.

Zu ihrer Verblüffung glaubten das alle, und da ein Bauarbeiter ein großes Herz hat, besonders wenn es sich um einen toten Kollegen mit einer hübschen lebendigen Freundin handelte, wurde ihr jeder gewünschte Helm gereicht.

Aber trotzdem war es sehr anstrengend. Und manchmal, nein, sogar immer öfter wurde sie von einer nagenden Erinnerung eingeholt... Sie schüttelte den Kopf. Nein, so würde sie das nicht ausdrücken.

39

Martin war ebenfalls unzufrieden. Und ein schlechtes Gewissen hatte er auch: von wegen „No Sex". Einmal war er ganz unsicher, ob er überhaupt noch Heilen konnte nach seinem Fehlverhalten. Gaetano musste ihm Mut machen.

Gott sei dank merkten die Patienten nichts davon.

Um so mehr stürzte er sich in die Helmsuche. Sie wurde zur Hauptsache. Schließlich ging es um ein großes Geheimnis, das Ben ihm anvertraut hatte, ein Geheimnis, das er für die Menschheit lüften musste.

Und die leidenschaftliche Suche nach der Zahl tat ihm gut. Seit einiger Zeit hatte er das Gefühl, unter seinen Füßen beginne der Boden zu schwimmen. Die Zahl jedoch war reiner Beton, an den konnte er sich halten.

Schon den dritten Tag war er unterwegs, man kannte ihn mittlerweile in der Stadt, einige Male hatten die Zeitungen mit einem Foto von ihn über seine Wunderheilerei berichtet, und so ließ man es als eine seiner kuriosen Marotten durchgehen, dass er einen weißen Helm suchte.

Schließlich war er so weit, dass er jeden weißen Helm auf den Straßen abfing und geriet so an die Grenze seiner Kraft, denn es wurde ja viel gebaut und überall liefen Bauarbeiter mit Helmen herum. Tauchte auf der anderen Straßenseite ein weißer Helm auf, musste man durch den Autoverkehr hechten, oder man war gezwungen, den Helm in ein Einkaufscenter zu verfolgen. Manchmal schwammen so viele weiße Helme gleichzeitig herum, dass man wahrhaftig die Nerven verlieren konnte. Wen angelt man sich zuerst, und wie hält man die anderen fest, damit sie nicht entkommen?

Auf einmal ist Martin unter der Erde, in einem U-Bahn-Wagen, er weiß gar nicht mehr, wie er hinein geraten ist. Wahrscheinlich hat ihn der Menschenstrom einfach mitgerissen.

Und – keine Überraschung – als er plötzlich hinten am Wagenende einen weißen Helm entdeckt.

Er kann aber nicht mehr, er ist erschöpft und dann die Menschenfülle hier. Seine Hände umklammern die Haltestange, dass die Knöchel weiß werden. Drei Stationen geht das so, beim vierten Bahnhof schaukelt der Helm zur Tür und schwimmt auf dem Bahnsteig weiter Richtung Ausgang. Im letzten Augenblick gelingt Martin der Sprung aus der Bahn, er hastet dem Helm nach, entdeckt plötzlich einen zweiten auf dem Bahnsteig gegenüber, zögert, das Herz hämmert, nein, zuerst zum Ausgang! Er erwischt den Bauarbeiter vor der Treppe.

„Halt! Ihren Helm bitte!"

Perplex reicht ihm der seinen Helm. Martin wühlt in den Gurten. Nichts. „Danke!" Und weg, rüber auf den anderen Bahnsteig. Da ist der weiße Helm aber gerade mit der Gegenbahn abgerauscht. Und der Bahnsteig ist leer.

Martin taumelt an die gekachelte Wand. Luft. Er muss nach oben, ins Freie, hier unten ist es dumpf und bedrückend.

Oben schlägt der Straßenlärm zu wie ein Sandsack, er greift zum Kopf, rempelt gegen einen Kiosk, reißt einen Zeitungsständer um.

„Biste besoffen, Mann?"

Er lehnt sich gegen die weiße Absperrstange am Bordstein, er lässt den Kopf hängen, sein Atem geht heftig. Nachdem er sich ein wenig erholt hat, geht er weiter, immer noch mit gesenktem Kopf. Aber er muss ihn heben, er muss ja nach etwas Weißem Ausschau halten. Und das sendet Signale aus. Befehle sind das. Von überall kommen die Befehle. Sie fordern ihn auf, sofort näher zu gehen, er muss kontrollieren, auch wenn es bloß ein Zeitungsblatt ist.

Er kommt an Bauchladenhändlern vorbei, sie bieten indianischen Schmuck an, billige Armbanduhren, ein Mann mit einem Christusgesicht hockt neben Landschaftsaquarellen auf dem Pflaster, ein schwarzlippiges Mädchen lässt eine große gelbe Stoffraupe auf ihrem Arm auf und ab kriechen.

Auf einmal wird ihm alles zu viel. Die Augen sind überladen wie ein Film, der wieder und wieder belichtet wird. Was es auch alles zu sehen gibt! Die Straßen! Die Häuser, die Schaufenster mit den Waren, die Menschen mit ihren Gesichtern, Kleidern, Händen, Füßen. Die Autos, Autos, Autos.. So viele Formen! So viele Farben! Und es wird mehr, immer mehr und man muss alles sehen! Zwangsweise! Man muss das sehen! Kein Entkommen.

Und trotzdem...unbegreiflich.. Denn das alles ist doch nichts!

Was trillert da? Eine Demonstration. Gewerkschaftsfahnen, Transparente: „Wir wollen Arbeit!" Auf einem Bagger steht einer und schreit in die Flüstertüte.

Da! Weiße Punkte! Helme! Weiße, weiße Helme! Und schon trabt er los, nicht mehr aufzuhalten.

Er drängt sich durch die Demonstranten und reißt einem den Helm vom Kopf. Der, Besitzer des Kopfes sowie Helms, nicht dumm, haut ihm eine runter.

Macht nichts. Der nächste. Diesmal ist Martin flinker, er hat schon den Helm, man brüllt, er bricht mit der Beute aus wie ein gehetztes Tier, kauert sich hinter ein parkendes Auto, wühlt in den Helmgurten. Drei, vier Männer packen ihn. Er schlägt um sich, stößt mit den Füßen, kreischt:

„Helmkontrolle! Helmkontrolle!".

Die Polizei greift ein, sie schleppen den Tobenden in einen Mannschaftswagen. Dort lärmt er weiter, jemand kommt mit einer Spritze, dann ist da ein schwarzes Rauschen wie ein Sausen nach tief unten, und das Rauschen verwandelt sich in das Zischen von Autoreifen auf regennasser Straße.

40
Sein Mund war trocken, die Zunge wie taub, und als er das Glas Wasser auf dem Nachttisch sah, trank er es so-

fort aus. Er lag noch einen Moment mit geschlossenen Augen.

Das angenehme Weiß hatte ihn überrascht, dieses schneeige Weiß, aber wieso war es so freundlich, so heiter, so unschuldig?

Er öffnete die Augen. Ja. Überall weiß. Er lag in einem weißen Bett, hatte ein weißes Nachthemd an, es war duftig leicht, die reinste Zauberei, er streckte sich und gähnte, sah zum Fenster.

Draußen war ein Park, Morgenluft kam durch das aufgeklappte Oberlicht, ein Buchfink wiederholte seine Melodie, immer dieselbe, er lernte sie wohl gerade auswendig.

Das Mobiliar im Zimmer war schlicht, wie er es liebte, keine Belastung fürs Auge: ein Tisch mit zwei Stühlen, auf einem Stuhl seine Kleider.

Er zog sich an, versuchte dabei das Pfeifen des Vogels nachzumachen, auch ein Mensch kann lernen. So. Und jetzt noch die Schuhe...

Leise öffnete sich die Tür. Etwas Weißes trat vorsichtig herein.

Ein Mensch, ganz in Weiß, bis auf das rosige Marzipangesicht. Der Stimme nach ein Mann.

„Guten Morgen. Gut geschlafen? Fein. Ich bin Ihr Arzt. Bitte setzen Sie sich. Und die Schuhe lassen wir mal."

Martin gehorchte. Das Gehorchen fiel ihm leicht, es tat sogar gut.

„Und jetzt wollen wir mal sehen." Der Doktor setzte sich, schlug eine Kladde auf. „Antworten sie treu und herzig. Sind Sie ein Außerirdischer?"

„Nein."

„Sind Sie von einem Ufo entführt worden?"

„Nicht dass ich wüsste."

„Schon mal ein Ufo gesehen?"

„Nein. Aber Sternschnuppen, da war ich zehn. Ich hab mir ein Fahrrad gewünscht. Zehn Jahre später hab ich mir eins gekauft. Das wurde mir gestohlen."

„Sagen Sie mal.. Sie sind doch der Atomdoktor. Warum heilen Sie sich nicht selbst, wenn Sie psychische Probleme haben? Ein paar Atome vom linken Ohr zum rechten. Möglicherweise reicht das schon."

Der Arzt lachte, ein goldener Schneidezahn blitzte auf. Langsam dämmerte Martin, dass er einem Verrückten gegenübersaß. Er schielte zur Tür und rechnete: Vier Schritte. Ist zu schaffen.

„Sie sagen ja nichts. Die Spritze wirkt wohl noch immer. Also noch mal. Was ist das? Da! Ich meine, wo Sie die ganze Zeit hingucken!"

„Eine Tür."

„Perfekt! Na, bitte! Was sagen Sie dazu? Langweilig, was? Immer dasselbe. Tagein, tagaus sieht man dasselbe Zeug. Widerlich. Man kriegt verdammte Lust, mal was ganz anderes zu sehen. Sehen Sie da draußen? Ein Baum. Und das? Ein Fenster. Stinklangweilig. Und so was Ausgelutschtes sehen Sie jeden Tag tausend Mal. Das muss man doch ändern können? Verstehe ich. Geht mir genauso. Und wissen Sie, was ich dagegen tue? LSD. Perfekt. Schon mal gehört? Alles eine Frage der Chemie. Also, jetzt verraten Sie mir mal.. Unter uns.. Was schlucken Sie am liebsten?"

Das war es! Nicht das Weiß trieb jetzt seinen Pulsschlag hoch, sondern der Gedanke, dass er hier mit Chemie behandelt wurde, bloß um feststellen zu müssen, dass ein Baum ein Baum ist. Ist er nicht! Irrtum! Atome, alles Atome. Die Tür!

Dummerweise saß jemand im Weg.

„Vor ein paar Tagen bekamen wir einen, der stand auf der Straße und stoppte den Verkehr. Schrie, die Welt geht unter. Ein bisschen Chemie und schon war's aus mit dem Weltuntergang. Sitzt schon wieder selber am Lenkrad.."

Der Arzt griff in die Kitteltasche, schraubte die Kappe von einem Fläschchen ab, warf sich eine Pille in den Mund.

„Ein Bonbon. Alles in Ordnung. Bloß keine Angst, mein Lieber. Ein Baum ist ein Baum."

Er reichte Martin das Fläschchen.

„Bitte. Nein? Na schön. Ich verrat Ihnen was. Manchmal weinen Bäume. Mit den Blättern, wissen Sie. Klingt wie Zischen. Könnte man ja trösten. Bloß, sie schlucken keine Pillen." Er lachte. „War ein Witz."

Sprungbein gespannt, Augen gerichtet, Luft geholt und.. los!

Hoppla, ein Paar ausgestreckter Beine.

Der Arzt drehte sich mit dem Stuhl. Wie sonderbar, es war kein Drehstuhl. Im Fallen warf er die Arme über den Tisch, rutschte aber ab, landete auf dem Linoleumboden, stieß sich den Kopf am Tischbein und verlor das Bewusstsein.

Und Martin jagte durch die Flure wie sein Puls durch die Adern. Man machte ihm Zeichen. Er winkte ab. Darauf verneigten sich die Leute, einige gingen in die Knie. Andere drehten sich die Wand entlang. Alles Verrückte.. Wo war der Ausgang?

Eine Tür. Ein Lagerraum mit geöffnetem Fenster zum Park. Er kletterte hinaus. Hier empfing ihn sein pfeifender Buchfink. Grüß dich! Und weiter auf roten Steinplatten zu einem schmiedeeisernen Tor. Draußen. Endlich.

Er machte sich, wie es so treffend in der Stadt heißt, auf die Socken

41

Der Morgen eines der aufregendsten Tage in Gaetanos Leben begann mit einem Anruf aus dem Büro Martens. Eine Frauenstimme teilte ihm mit, er könne Martin Falk in der Klinik abholen. Nein, es ginge ihm bestens.

Unerhört. Ihm ging es bestens und er suchte ihn überall.

Es gab Ärger mit den Patienten vor der geschlossenen Praxis. Eine Frau mit schwarz lackierten Fingernägeln behauptete, der Atomdoktor wäre dem Trunk verfallen.

Sie hätte ihn torkelnd in einer Straße gesehen. Alles Quatsch. Wo war er in Wirklichkeit?

In einer Klinik zur Erholung!

Während sich andere mit ihren Problemen rumschlagen mussten, machte der einfach Pause!

So ungefähr grummelte Gaetano beim Anziehen. Wie er sich vorm Spiegel das Haarteil aufsetzen will, erinnerte er sich.

„Tina, guarda, sind da Haare?" Er zeigte auf den nackten Teil seines Kopfes. „Martin hat Heilung gemacht."

„Nein. Ich seh nichts!" Mit unsicherer Stimme setzte sie hinzu: „Du glaubst doch nicht wirklich.."

Zornig forderte er sie auf, eine Lupe zu verwenden. Das fand sie jetzt lachhaft, trotz seines Ernstes oder gerade deswegen, aber sie spürte, dass er wieder kurz davor war, eine Dummheit zu machen, und so holte sie die Lupe und suchte auf seinem Schädel nach einem Härchen wie auf einem Globus nach einer Insel im Pazifik.

„Nichts!" Vorsichtig setzte sie ihm das Toupet auf. „Du bekommst ein neues, heut muss es noch so gehen."

Er beäugte sich im Spiegel.

„Bei anderen klappt's. Warum bei mir kein Wunder, he? Was ist schlecht bei mir an Qualität? Hab ich falschen Pass?.. Eh, was ist das da oben? Ein Vogelnest?"

„Die Leute glauben doch bloß, geheilt zu sein!"

„Eh! Glauben. Hat er dich geheilt oder nicht, was? Deinen Rheumatismus?"

Sie schwieg.

„Ecco. Tatsache, alles Tatsache. Ja, ich gehe. Ich werde ihn verprügeln."

Doch er verprügelte ihn nicht, denn Martin lief ihm vor der Klinik in die Arme.

In Socken.

„Cazzata, ohne Schuhe!"

Bei Gaetanos Anblick hatte sich Martin sofort beruhigt. Er fragte, ob er nichts von Gritt gehört hätte.

„Eh! Gritt.. Kümmer dich nicht um Gritt! Kümmer dich um mich! Sieh mich an! Ich bin krank! Krank vor Sorge! Machst Geschäft kaputt! Was?.. Wo warst du gestern? Und vorgestern? Und vorvorgestern? Hundert haben gewartet! Zweihundert, dreihundert.. Umsonst! Ich hab ihnen gesagt, du bist auf Reise. Sie sagen, du säufst.. läufst blau durch die Straßen.. Was?"

Sie fanden kein Taxi, sie mussten zur U-Bahn gehen. Ein Mann auf Socken? In der Stadt fiel das nicht weiter auf. Es waren schon welche auf Händen durch die Straßen gegangen.

Und pausenlos redete Gaetano auf ihn ein.

„Hast du gehört von Katja und Klaus? Sie sitzt im Rollstuhl, er schiebt. Kann nicht mehr gehen. Aber der Arzt sagt, das ist gelogen. Der Arzt hat eine Meise, du musst sie heilen. Wirst du? Auf meinem Kopf wächst nichts. Was meinst du? Noch ein Versuch? Und weißt du was? Der Schlitten von dem da, der rote.. von dem Scheißkerl... Puff! Futsch! Hat Klaus gemacht, mit Dynamit.. Er muss zur Justizia. Eh! Was rennen die so?"

Rufe ertönten, Menschen blieben stehen, wechselten ein paar Worte, rannten los in Richtung Stadtmitte.

Unter einem S-Bahn-Bogen goss ein Blumenhändler aus einer Flasche Wasser über die Blumen. Gaetano klopfte auf den Haarteppich auf seinen Rücken.

„Eh! Haare lang, schneide kurz.. Kollege! Was ist los? Wohin flitzen die Leute?"

„Biste vom Mond?"

Der Blumenhändler kippte den Rest der Flasche auf seine nackten Füße in den Sandalen.

„Am Poltauer Platz is'n Turm schief gerutscht. Ist ne neue Sehenswürdigkeit."

Er kniff ein Auge zu.

„Wie wär's mit Rosen für deine Kleine? Haste eine? Nee? Na, denn für die Alte?"

„Pa... Wozu Aufregung?"

Gaetano machte eine verächtliche Geste.

„Noch nie gehört von Campanile? Schiefer Turm von Pisa. Total weltberühmt."

42

Eine halbe Stunde später waren sie in Sichtweite des Frisiersalons. Als sie die Straße überqueren wollten, mussten sie schnell zurücktreten, beinahe hätte sie ein schwarzes Auto überfahren.

„He, du Blödmann", schimpfte Gaetano und zeigte einen Stinkefinger.

Das Auto bremste scharf beim Frisiersalon. Gaetano überlegte, was jetzt zu tun war. Entweder musste er den Fahrer zusammenschlagen, aus Gründen der Ehre, oder dieser wartete auf ihn, um ihn zusammenzuschlagen, aus Gründen der Ehre.

In diesem Augenblick kam Klaus aus dem Kohlenladen, überquerte die Straße, wollte zu Katja, er war mit ihr verabredet ist. Gleichzeitig stiegen zwei Männer aus dem Auto. Die Türen ließen sie geöffnet. Als Klaus in ihrer Reichweite war, packten sie ihn und stießen ihn ins Auto und brausten davon.

Als hätte er es geahnt, war Gaetano schon beim Aussteigen der Männer losgespurtet. An der Ladentür prallte er auf Katja. Sie war außer sich.

„Habt ihr das gesehn? Sie haben ihn entführt!"

Nach Luft schnappend, keuchte ihr Vater: „Eh! Du kannst ja gehen!"

„Das waren die Gorillas von Markus! Ich lauf hin!"

„No!" Gaetano warf sich in die Brust. „Wir gehen! Ist Männersache!"

„Ihr wisst doch nicht, wo er wohn!"

„Nein, aber du weißt! Sag es!"

Anstelle einer Antwort schob ihn seine Tochter in den Laden und während er noch in Gedanken die Weltgeschichte durchging, ob ähnliches schon einmal einem Vater passiert war, rannte sie weg.

Martin im Trab hinterher. In Socken. Aber das spürte er schon lange nicht mehr.

43

Im Laden gab Gaetano dem Rollstuhl einen kräftigen Tritt und seiner Stimme die höchste Phonstärke:

„Tina! Hast du gesehen? Tina! Tina! Tinaaa!"

Sie meldete sich von oben.

„Schrei nicht so! Was ist los?"

„Eh! Nicht zu glauben. Katja gelogen! Kann gehen! Und Klaus gekidnappt. Und Katja weg ihn holen."

„Hast du noch das Toupet auf?"

„Si."

„Dann ist es nicht so schlimm."

Er zog das Haarteil vom Kopf.

„Ist jetzt ab!"

In zwei Sekunden war seine Frau unten.

„Was jetzt?"

Er hielt ihr ratlos seine Hände hin, in einer Hand das Haarteil.

Erleichtert seufzte sie auf. Das Toupet war vorerst in Sicherheit.

„Na, dann erzähl mal. Was ist denn passiert?"

Als er fertig war, sagte sie: „Lass mich nachdenken. Weißt du. Das ist gar nicht so dumm.. Ja, das hat sogar was Gutes."

„Eh! Bist du ganz?"

„Komm, jetzt machen wir uns ein Käffchen."

Sinnlos, das Toupet zu Boden zu schleudern, er hielt es ja schon in der Hand, ohne theatralische Geste hatte es keinen Effekt. Er griff sich ans Herz. Wie unter einer ungerechten, grausamen Strafe zusammenbrechend, sank er laut und lang stöhnend auf einen Stuhl. Er wiederholte das Stöhnen, diesmal kräftiger und länger.

Umsonst. Seine Frau war auf der Wendeltreppe zur Wohnung, um die Kaffeemaschine anzuwerfen.

44

„Wieso kommst du mit?", fragte Katja im Taxi. Genau so unüberlegt, wie er ihr gefolgt war, antwortete Martin: „Er ist mein Freund." Sie blickte nervös aus dem Fenster. Diese Staus! Und Klaus in den Händen von Markus! Aber dann waren sie plötzlich am Ziel.

Als sie klingelte, fragte sie Martin: „Hast du Angst?"

„Nein." Er zeigte auf ihre Beine. „Tun dir die nicht weh?"

Sie schüttelte den Kopf.

Aber ihre Knie zitterten.

Sie fuhren im Lift hoch. Kaum hielt er, wurde die Aufzugstür aufgerissen, vier Fäuste packten sie und banden ihnen die Hände auf den Rücken.

„Bitte, liebe Gäste, setzt euch."

Markus, in weißem Miami-Look, wies huldvoll auf die Sitzlandschaft aus Leder. Aus echtem. Und auch ganz weiß.

Martin schloss für einen Moment die Augen.

„Freut mich, Baby, dich wiederzusehen. Was machen die Beine?"

Gefesselt saß Klaus auf einem Stuhl, mit dem Rücken zu den Dachfenstern.

„Geht es dir gut?" fragte Katja.

Er nickte.

„Lasst ihn los, ihr Idioten!"

Kein Kniezittern mehr. Beinahe spuckte sie Markus auf die feine Hose.

„Ganz allein hat er's getan, ganz allein. Und so steht's auch im Polizeibericht! Nur meinetwegen! Dafür geht er sogar noch ins Gefängnis. Und damit du es weißt: aus Liebe hat er's getan!"

„Pa!" Ein Hohnlächeln in Brillantine. „Aus Liebe.! Da lach ich aber. Aus Liebe Tausend Mille in die Luft jagen. Und aus Liebe ins Gefängnis. Na hör mal. Wofür hältst du mich?"

Und er schüttelte den Kopf, dass die nassen Haare spritzen müssten. Taten sie aber nicht. Brillantine spritzt nicht.

„Esel!" sagte sie. „Idiot!" sagte sie.

„Nanana..." Neugierig betrachtete er Martin, der heimlich an seinen Fesseln zerrt. „Das also ist dein Neuer?"

Nichts zu machen. Die Fesseln halten.

Einer der beiden Kidnapper, dessen Hemd über der Hose hing und dessen nackte Füße in Adidas Laufschuhen steckten, nuschelte:

„Kennste den nicht? Der Wunderheiler. Atomdoktor.. oder so wat."

„Der ist das? Was will der denn hier?.. He du, Medizinmann." Markus piekte mit dem Finger auf Klaus. „Wie wär's, wenn du den da heilst, damit er endlich quasselt?"

„Wie kann er das! Er ist stumm! Er redet mit Händen! Und du hast ihm ja die Hände gebunden!" fauchte Katja.

„Dann macht ihm halt die Hände los, verdammt! So. Und jetzt, mein Schatz frag. Wer hat ihn beauftragt, meinen Wagen in die Luft zu jagen?"

Katja richtete die Frage an Klaus, dessen Augen leuchteten auf und er sagte etwas mit den Händen, von dem wir nicht wissen, was es war.

„Aus Liebe hat er's gemacht! Wie ich schon gesagt habe! Und jetzt lass uns frei, Markus. Bitte."

In die letzten Worte legte sie mehr Wärme, als sie eigentlich wollte.

„Katjenka, Liebes, wie kannst du mich nur so verscheißern...Na, nu wolln wir mal Butter bei die Fische tun."

Markus nahm das goldene Feuerzeug vom Tisch, mit einem Klick sprang ein blaues Flämmchen heraus.

Hatte ihn jemand um Feuer gebeten?

Nein, er hielt das Feuerzeug unter Katjas Kinn. Und zu Klaus gewandt, sagte er: „Wie wär's, wenn du jetzt Feuerwehr spielst und das hier auspustest. Nicht mit dem Mündchen, mit deinen Händchen. Und bitte," er äffte Katja nach. „bitte sag die Wahrheit. Also.. Wer war dein Auftraggeber?"

Das Flämmchen wurde größer.

Und größer.

Da schnellte Klaus auf, stürzte aber, da noch fußgefesselt, gegen den Nuschler, umklammerte dessen Hals, worauf dieser nicht nuschelte, sondern röchelte, was den zweiten an seine Pflicht erinnerte: er schlug zu, aber daneben auf einen Glastisch, der brach knirschend zusammen, worauf alle drei Männer, einig im Untergang, polternd und stöhnend über den Parkettboden rollten.

Auch Katja war aufgesprungen und, da ihre Hände gefesselt waren, traktierte sie die beiden „Gorillas" mit den Füßen, immer bemüht, Klaus nicht zu treffen.

Markus hingegen machte Platz, um seine Männer arbeiten zu lassen.

Martin schien in einen Wachschlaf versunken zu sein. In Wirklichkeit war er ganz Konzentration. Er sammelte seine Kräfte. Atome, auf eure Plätze!

Und tatsächlich, bald darauf trat Ruhe und Ordnung ein, doch wie sich herausstellte, hatte sich an der Ausgangslage nichts geändert. Alle Figuren standen oder saßen gefesselt wie zuvor. Nur der Glastisch nicht, der war im Eimer. Markus war sauer.

„Seht mal, ihr Rindviecher, was ihr gemacht habt. Eine Mille hat mich der gekostet!" Und mit einer Geste zu den Gefesselten: „Ins Bad mit ihnen! Sperrt sie ein!"

Das war jedoch für einen Gefängnisaufenthalt nicht gebaut. Martin musste auf dem Klodeckel Platz nehmen, Klaus und Katja landeten in der leeren Whirlwanne.

„Und was jetzt?"

Katja war wütend und verzweifelt.

Klaus zeigte seine Zähne.

„Was meinst du damit?"

Er macht eine Augenbewegung.

„Durchbeißen? Den Strick? Das kann Stunden dauern. Martin, kannst du nicht was machen?"

„Bin schon dabei."

Atome! Herhören! In Reih und Glied!

Er schloss die Augen, konzentrierte sich.

Katja seufzte, Klaus zerrte mit den Zähnen an ihrer Handfessel.

45

Inzwischen trank Frau Manzoni ihren Kaffee und folgte ihrem Mann mit den Augen, der erregt hin und her lief.

„Sancta Maria! Trinkt Kaffee! Normale Menschen gehen zur Polizei! Ich sage: der da ist kriminal. Und du bist wahnsinnig! Eh.. Subito! Ich geh zur Polizei."

„Kriminell heißt das, nicht kriminal. Und rempel nicht gegen den Tisch. Du schmeißt noch die Tasse um."

„Ich werde jetzt gehen. Ich! Gaetano Manzoni! Vater von Katja Manzoni. Und du Rabenmutter!"

„Also gut.." Frau Mazoni setzte die leere Kaffeetasse ab. „Jetzt hör mal zu, mein großer Held."

Mit offenem Mund hörte er zu.

Dann flüsterte er staunend: „Was du denkst.."

Wenige Sekunden später legte er ein nagelneues Taschentuch über die Sprechmuschel des Telefons, seine Frau tippte die Nummer ein, mit einem Ohr drängte sie an das seine und hob den Zeigefinger.

„Jetzt!"

Sie senkte den Finger. Und er, tief Luft holend, begann im herrischen Tonfall eines sizilianischen Paten:

„Eh! Du Sohn einer Hündin, gib mir Markus, das Schwein."

Und als er dessen dumme Frage hörte, wer am Telefon sei, bellte er eine Suada auf Italienisch. Noch nie hatte ihm seine Muttersprache so viel Freude bereitet. Jäh brach er ab und sagte auf Deutsch:

„Eh! Du nicht kapieren Italienisch? Idiot. Dann höre, du Sohn einer Hündin, hier ist la familia, die Familie.. Si! Wir wissen, bei dir sind drei Persona, he, Schnauze, Bastard, höre! Alle stehen unter Schutz der Familie. Eh! Du kennen Gaetano? Ja, Manzoni, gut Freund der Familie. Attenzione, Sohn einer Hündin. Wenn alle nicht unten auf la strada in fünf Minuten... Straße, Idiot!.. Wir kommen und hängen dir kleines Paket an die Eier und du wirst fliegen wie deine Karre in Luft, capisce?"

Mit zittriger Hand legte er auf.

„War ich gut?"

„Bellissimo", sagt sie.

Er reckte sich.

„Ah! Das ist wie Heimat."

46

Kurz darauf waren die drei Freigelassen auf der Straße. Und Markus spähte am Fenster durch eine Jalousiespalte und knirschte mit den Zähnen.

„Die Spaghettimafia. Wusst ich's doch. Jungs, ich sag euch was. Mit denen rechnen wir noch ab.. Die wollen nicht, dass ich groß werde in dem Geschäft. Diese Pastafresser machen sich hier breit.. Da haben die sich aber geschnitten. Die werden sich noch wundern..."

„Gehn wir jetzt Turm kucken?"

„Quengel nicht dauernd rum. Ich geh nicht, ich fahre ...Verflucht.. Wo ist er eigentlich? Ob man für den Schrott noch was kriegt?"

47

Erst stritten sie und schrien sich an, dann saßen sie erschöpft und entmutigt. Einige waren rot im Gesicht, andere bleich. Bis jetzt hatte Martens nichts gesagt. Still saß er hinter seinem Schreibtisch.

„Wir haben drei Gutachten. Alle drei besagen dasselbe." Der Leiter der Statikabteilung umklammerte mit beiden Händen ein halb gefülltes Glas Wasser und sah mit entzündeten Augen in die Runde. „Wir haben nachgerechnet noch und noch. Da ist kein Fehler, nirgends."

„Na also!" Martens schlug mit der Faust auf den Tisch. „Wär doch gelacht, wenn wir das nicht meistern würden. Uns muss bloß was einfallen." Er biss sich auf die Lippen. Das Wort hätte er lieber nicht sagen sollen. Dann fuhr er in ruhigem Ton fort: „Es gibt immer Lösungen. Seit Jahrtausenden kämpft der Mensch mit der Natur, auch wir lassen uns nicht unterkriegen." Er wandte sich an den Statiker. „Wie viel Zeit haben wir?"

„Das weiß keiner. Die Stadt steht in einem Urstromtal der Eiszeit. Das haben wir ja berücksichtigt. So massiv wurde noch nie ein Fundament gebaut. Aber noch viel tiefer muss es eine Höhle geben, voll mit dem Schmelzwasser aus der Eiszeit. Aus irgend welchen Gründen fließt jetzt Wasser aus und die Höhle bricht ein." Schon wieder ein Wort mit einem unangenehmen Nachhall. Jeder im Raum hörte ihn. „Jedenfalls erklären es so die Gutachter..."

Er trank das Glas aus und wischte sich mit einem Tuch erst den Mund und dann die Stirn.

„Schlechtachter sollten sie heißen", murmelte Martens. Und er dachte: Wie treibe ich denen nur den Schrecken aus den Augen? Und wusste, dass auch in seinen Augen nichts anderes zu sehen war.

Für eine Weile schloss er die Lider.

Als er sie öffnete, hatten er wieder den strahlenden, anfeuernden Blick, den die Stadt so an ihm bewunderte.

„Meine Herren", sagte er, „noch steht der Turm ja, und ich bitte Sie dringend, den Kopf nicht hängen zu lassen. Das erinnert mich nämlich an den Turm."

Ganz leises, zögerndes Lachen.

„Wie wärs' damit. Vereisung des Bodens. Unterfütterung mit Beton. Gewichtausgleich durch Belastung an der entgegengesetzten Seite. Irgendwas. Haben Sie Fantasie! Ja, was halten Sie von einer Unterspülung des Fundamentes, und zwar auf der höher gelegenen Seite? Der Turm kann ruhig einen Meter absacken. Lassen Sie sich was einfallen, bevor Ihnen der Turm zuvorkommt. Betrachten Sie das Ganze als Glücksfall für Ihre Karriere."

Die Ingenieure glaubten nicht richtig zu hören.

„Ja, Glücksfall." Martens lächelte. „Ich wiederhole es: ein Glücksfall. Sie können Geschichte machen, nicht nur Baugeschichte. Ihr Name wird für alle Zeit geschrieben sein. Aber beeilen Sie sich. Was denken Sie, was jetzt in den Gehirnen der Ingenieure in aller Welt vor sich geht. Kommen Sie denen zuvor! Also los! Bevor hier Amerikaner oder Japaner mit Vorschlägen auftauchen und uns in die Ecke stellen."

Ja, wenn man das so betrachtete.

Sie klopften mit den Helmen auf die Tischplatte und verließen ihren kleinen, tapferen Chef mit neuem Optimismus.

Martens nahm das Fernglas und blickte zu seinen Türmen. Hinter ihm räumte seine Sekretärin die Tassen ab.

„Lassen Sie das, Frau Wolf. Machen Sie mal lieber Feierabend.."

„Aber die vollen Aschenbecher.."

„Das mach ich schon."

„Sie bekommen noch einen Anruf von der Bank."

„Ich weiß. Ich bleib ja noch. Gehn Sie ruhig. Alle wolln jetzt meinen schiefen Turm sehen. Waren Sie schon dort?"

„Nein, Herr Martens."

„Na, denn man los!"

„Sie kriegen das schon wieder hin, Herr Martens." Sie wusste nicht recht, wie er das gemeint hatte. „Es ist ja nur ein technisches Problem."

Er hörte, wie sie die schallgedämmte Tür zuzog. Er stellte das Fernglas auf die Fensterbank, setzte sich an seinem Schreibtisch. Vor ihm lag ein braunes Couvert, DIN A 4, darauf schrieb er etwas, bugsierte dann den Umschlag genau in die Tischmitte, bis er akkurat lag, parallel zu den Tischkanten. Ansonsten war sein Schreibtisch völlig leer.

Er schloss die rechte Tür des Schreibtisches auf, zog einen Karton hervor, hob einen weißen Helm heraus, betrachtete ihn einen Augenblick. Mit der freien Hand berührte er eine Taste der Telefonanlage.

„Hallo, Frau Lohmann.. Ja, ich bin's. Hören Sie, ich hab eine Überraschung für Sie. Ich hab den Helm gefunden, Sie wissen doch, wir ziehen um mit dem Büro und da stoß ich auf einen alten Karton. Und da ist der Helm! Eine Zahl? Warten Sie.. Ja, da ist eine, ziemlich verwischt, aber noch lesbar. Sie wollen sie wissen? Bitte sehr. 530886. Übrigens: Sie haben natürlich gewonnen.. Sie kriegen Ihr Geld. Wenden Sie sich an meine Buchhaltung.."

Mit dem Helm in der Hand stand er auf und ging zum Fenster. Während er auf die Stadt blickte, setzte er sich den Helm auf.

Sein Mobiltelefon summte, er rührte sich nicht, bis das Summen aufhörte.

Er ging zurück zu seinem Schreibtisch, entnahm einer Schublade eine kleine Pistole.

Aus einem Einbauschrank holte er eine alte, kalkfleckige Jeansjacke und zog sie an. Das Mobiltelefon in die Seitentasche gesteckt, die Pistole in die Brusttasche geschoben, so verließ er sein Büro.

Niemand bemerkte ihn. Das Bürogebäude war leer. Freitagabend, da machen alle eine Stunde früher Feierabend.

48

Martin war überzeugt, dass allein seine Atommagie sie befreit hatte. Als er das sagte, warf Katja ihm einen Blick zu, an den sollte er sich noch erinnern.

An einer Telefonzelle hielten sie, Katja wollte ihren Eltern Bescheid geben. Als sie herauskam, war sie wütend. „Jetzt ist aber Schluss mit dem Scheiß." Sie fasste Klaus bei der Hand, als wollte sie ihn von Martin wegziehen. „Das war überhaupt kein Wunder."

Und sie sagte, wie es wirklich war. Ihr Papa war das Wunder.

„Und jetzt hör endlich auf mit deiner Atommagie und dem ganzen Theater. Wir wissen doch Bescheid! Deine Wunderheilungen gibt es gar nicht!"

Was war das? Was sagte sie?

„Ja, alles Mumpitz!" wiederholte sie.

Der Boden unter Martin wankte. Bei Gritts Wutausbruch hatte er ähnliches gespürt.

„Erinnerst du dich an die Frau mit dem Asthma? Auf deren Heilung wart ihr so stolz. Sie ist gestorben an einer Lungenentzündung.. Ihr könnt froh sein, dass ihr keinen Prozess an den Hals bekommt! Atommagie! Wer glaubt denn so was? Hört lieber auf damit!"

Martin wurde leichenblass. Wie vereist fühlte sich sein Gesicht an, die Lippen waren dicker Gummi. Er konnte nur mühsam und langsam sprechen.

„Und deine Mutter?" Seine Stimme war so leise, als hauchte er sie. Er hörte sie selber kaum. „Hab ich sie nicht gesund gemacht? Hat sie noch Rheuma oder nicht?"

Erst war sie verdutzt wegen der komischen Art des Flüsterns, dann lachte sie:

„Mensch, Martin! Sie hat nie Rheuma gehabt. Kein bisschen. Sie hat das bloß gespielt, sie wollte meinen Vater ärgern. Nee, bist du ein Schaf.."

Und fröhlich wandte sie sich an Klaus:

„Sieh mal! Ich kann wieder gehen! Ein Wunder!"

Sie nahm ihn bei der Hand und drehte sich mit ihm im Kreis.

Ob durch ihr Getanze oder durch etwas anderes: auch vor Martins Augen drehte es sich. Dann, als packte er sich selbst und hielte sich fest, blieb er stehen, und so ließ er es kommen: Zorn flammte in ihm auf. Zum zweiten Mal hatte ihm eine Frau – sozusagen im Vorübergehen – einen Kinnhaken versetzt.

Aber was konnte man anderes erwarten? Sie waren ja alle Unwissende, Dummköpfe waren sie, ja, Dummköpfe!

Er allein wusste, um was es ging, und, bitte sehr, schlagt in den Geschichtsbüchern nach, wo ihr wollt: Hatten die großen Forscher, die großen Denker nicht schon immer um der Wahrheit willen Spott und Leid ertragen müssen? Der Prophet gilt nichts in seinem Vaterland!

Noch immer rührte er sich nicht, er wartete. Möge der Abstand zu den Dummköpfen wachsen. Dann bogen die um die Ecke. Waren weg. Endlich. Die Flamme seines Zorns erlosch.

Mit hängendem Kopf trottete er los, trat gegen eine Bierbüchse, verfolgte sie mit den Augen, wie sie klappernd vom Bürgersteig auf die Straße rollte.

Platsch. Plattgewalzt von einem Lkw.

Sehr schön. Nur immer drauf!

Sie hatte nicht mal geschrien, die Büchse. Und gespürt hatte er sie auch nicht, schuhlos wie er war. Logisch. Er war ja ein Nichts. Und dazu völlig von den Socken.

49

Zum zweiten Mal bog Martin aus der Hauptstraße in seine Straße, und auch das Nächste schien eine Wiederholung zu sein.

Ein Auto fuhr um die Kurve an ihm vorbei Richtung Frisiersalon, bremste – und damit endete die Wiederholung, denn der Wagen setzte zurück und blieb neben ihm stehen.

„He! Steig ein!"

Gritt war in blendender Laune und winkte.

„Na los, steig ein! Ich hab die Zahl! Na komm schon."

Auf dem Rücksitz drückte Bindig sein Gesicht an das Seitenfenster. Er grinste.

Nein, er lächelte. Es war ein Lächeln, verunstaltet von der Lähmung.

Martin zögerte, stieg dann ein.

„Gleich erfahren wir mehr. Ist das nicht toll?" Sie war ganz aus dem Häuschen. „Und wie geht's dir? Du siehst mitgenommen aus."

„Mir geht's gut." Sein Gesicht verfinsterte sich. „Wo ist der Helm?"

„Warte, ich erzähl's dir. Eine tolle Geschichte."

Sie berichtete von Martens Anruf.

„Also weißt du! Da hetzt der uns durch die ganze Stadt und der Helm ist bei ihm! So ein Mistkerl. Aber das Spiel ist aus, er sagt, wir haben gewonnen. Und die Zahl war im Helm. Eine Telefonnummer. Ich hab's von Bindig. Mensch! Nicht zu glauben. Bloß eine Telefonnummer! Von wegen Nummernkonto. Ich hab da gleich angerufen, es ist eine Frau. Bindig will sie unbedingt sehen. Wir fahren jetzt hin.."

Martin drehte sich um, Bindig sah ihn an und lächelte erneut.

Und wieder dachte Martin, es ist Ben, der lächelt. Und er verstand das Lächeln.

Auch er musste jetzt lächeln. Telefonnummer? Ja, für die anderen. Aber dahinter steckt was ganz anderes. Nicht wahr, Ben? Und die Frau ist der Engel, der die Pforte zur Wahrheit öffnet.

Er nickte dem Alten zu, der stieß heiter einen dumpfen Laut aus.

50

Sein neues Büro befand sich im 35. Stock, die Elektrik funktionierte noch, auch der Aufzug, das war schon erstaunlich. Allerdings, als er ausstieg, spürte er die Neigung des Turmes unter den Füßen, nicht viel, aber doch so, dass er vorsichtiger gehen musste.

Alles sah nach einem fluchtartigen Verlassen aus. Der neue Sessel war noch halb im Karton. Er befreite den Sessel und setzte sich.

Dann zog er die Pistole aus der Jacke, platzierte sie in Tischmitte, sie lag still, er stupste sie mit einem Finger, sie rutschte nicht, obwohl die Tischplatte aus Glas war.

So saß er eine Weile. Nichts war zu hören, er sah sich um. Alles still und in Erwartung. Er ging zur Fensterseite, stützte sich am Fenstersims. Wenn er senkrecht hinunterblickte, verschwand der untere Teil der Fassade aus dem Sichtfeld. In dreihundert Meter Entfernung drängten sich die Menschen im Halbkreis. Davor Polizeiwagen mit Blaulicht, Feuerwehrwagen und das Technische Hilfswerk mit seinen LKWs.

Plötzlich gab es einen Ruck.

Er sah hinunter, jetzt konnte er die Fassade bis zum Erdboden sehen. Offenbar war die hochstehende Seite abgesackt, der Turm stand wieder aufrecht, aber er war einen guten Meter tiefer eingesunken. Hatte er das nicht selbst vorgeschlagen?

Er lachte heiser, setzte den Helm ab und wischte sich die Stirn. Dann nahm er das Mobiltelefon.

„Hallo, Inge, stör ich? Na, laufen sie gut, deine Proben? Hör mal. Ich hab eine gute Nachricht! Der Turm steht wieder grade! Ja.. Nur noch stabilisieren. Kein Problem. Die Ingenieure kriegen das schon hin. Ja, sensationell."

Es knackte in den Wänden. Müde sah er sich um.

„Ja, ich bin noch da, Schatz..."

Der Schreibtischsessel rollte etwas nach rechts. Der Helm fiel herunter. Der Turm hatte sich wieder geneigt. In die andere Richtung.

„Hör mal… Ich..."

Wieder Knacks.

Der Sessel machte einen Ruck in die andere Richtung. Jetzt stand er wieder grade, der Turm.

„Weißt du was ich glaube, Schatz?" Er hustete. „Nein, nur der Staub. Also weißt du, ich glaube, der Turm spielt mit mir. Ja, in meinem neuen Büro. Nein, noch nicht fertig... Nein, alles in Ordnung... Ich wollte dir noch was sagen."

Es knackte schon wieder, aber lauter, sein Sessel rollte mit ihm nach links, auch der Tisch rutschte in die Richtung. Die Pistole bewegte sich, begann zu gleiten.

„Wart mal."

Er streckte den Arm aus, um die Pistole zu greifen. Zu kurz.

Wieder ein Knacken, gefolgt von einem tiefen Stöhnen, Glasscheiben platzten, Splitter flogen in den Raum. Die Fensterfront war weggebrochen. Die Pistole fiel vom Tisch.

„Ich muss Schluss machen, Schatz. Was ich dir noch sagen wollte... Auf meinen Schreibtisch liegt ein Umschlag. Du kriegst dein Theater, garantiert."

Der Sessel rollte langsam gegen die offene Fensterwand.

„Mein Schatz, vergiss mich nicht."

Der Sessel rollte schneller.

„Ich glaube, er kippt." Er zog seine Beine ein. „So ein Spielverderber."

Die letzten Worte hörte er selber schon nicht mehr.

51

Die Menschen waren keineswegs enttäuscht, als der Turm mit einem Ruck wieder gerade stand. Sie wussten: Das war bloß ein letztes Aufbäumen, die übliche Verzögerung vor dem Showdown, um die Spannung zu erhöhen.

Sie kannten das aus den Filmen.

Aber dann kam es doch überraschend plötzlich. Erst zitterte die Turmspitze wie der Tacho beim Starten eines Autos. Gleichzeitig spürten sie ein Zucken des Bodens unter den Füßen.

Erste erschrockene Rufe ertönten.

„Ein Erdbeben!"

Dann Schreie: „Der Turm!"

Er neigte sich ganz leicht.

Mütter packten ihre Kinder wie Bündel unter die Arme und rannten zurück, obwohl für sie keine Gefahr bestand.

Gebrüll eines Kamerateams: „Draufhalten! Draufhalten!"

Die Polizisten, die Gesichter zum Turm gerichtet, stolperten rückwärts, rissen dabei die Absperrleine und eine Gruppe Fotografen mit sich.

Dann eine ungeheure Stille.

Sie presste die Menschen zu einem einzigen atmenden Klumpen.

Vom Turm her kam ein Seufzer, Glasscheiben fielen blitzend von der Fassade, mehr und mehr, sie schossen abwärts wie ein silberner Katarakt, und dann verlor der Turm seinen Halt, er fiel, erst langsam, dann immer schneller, auf halber Höhe brach er in zwei Teile, der obere Teil schlug in den zweiten Turm und riss diesen mit sich. Ein Splittern und Krachen, ein Orkan fliegender Trümmer, ein Erdstoß, zugleich ein heftiger Windstoß. Mit einem ächzenden Laut, noch einmal Trümmer in die Luft schleudernd, kam alles in einer Wolke aufgewirbelten Staubes zum Liegen.

Stille.

Und dann brauste ein Schrei über den Platz, ein Schrei aus triumphalem Geheul, Gestöhn und schadenfrohem Gelächter.

Noch am selben Tag begann die Suche nach der Leiche. Doch nachdem man anhand der Pläne die Lage seines Büros festgestellt hatte, gab man die Suche auf. Bis man die Leiche findet, könnte es Wochen dauern, der Berechnung nach lag sie ganz unten, begraben unter den Trümmern. Sie zu erreichen wird man den ganzen Trümmerberg abtragen müssen.

Dritter Teil

52

Und von all dem bekamen sie nichts mit. Während der Aufschlag der Türme in allen Wohnungen nachhallte, waren sie in einer grünen friedlichen Idylle. Das kleine Haus am Stadtrand war wie aus dem Prospekt einer Bausparkasse. Auf dem Dachgiebel ein Hahn aus rotem Ton, ein Vorgarten mit weißem Holzzaun, dahinter eine Birke mit den ersten gelben Blättern, Lavendelsträucher säumten den Plattenweg zur Haustür. Über die vier Stufen der Steintreppe mussten sie dem Alten helfen. Nach ihrem Klingeln wurde die Haustür erst einen Spalt, dann ganz geöffnet.

Die Frau war noch jung, das Haar kringelte sich bis auf die Schultern, sie machte sich gerade schick zum Ausgehen, trug ein türkisfarbenes Sommerkleid mit weißem Kragen und kurzen Ärmeln, sie stand barfuß in der Tür.

„Ach Gott", sagte sie erschrocken.

Und Bindig antwortete mit einem Krächzer, hingerissen sah er sie an.

„Ich hab nicht viel Zeit."

Nervös spielte sie an den Ärmelknöpfen. Sie wandte sich an Gritt und Martin.

„Was wollen Sie?"

„Lassen Sie uns rein, dann erfahren Sie alles."

Bindig, der nur Augen für die Frau hatte, versuchte mit Anstrengung etwas zu sagen, aber es kam nichts Gescheites heraus. Es klang, als müsste er Verschlucktes hervorwürgen.

Die Frau, so stellte sich heraus, arbeitete für einen Begleitservice. Männer, die geschäftlich die Stadt besuchten, konnten eine weibliche Begleitung „mieten", zu Geschäftsessen, Theaterbesuchen oder anderen offiziellen Veranstaltungen, ausnahmsweise auch privater Natur, jedoch immer nur seriös und streng moralisch.

„Wir trafen uns immer in der Stadt, dann hab ich ihm meine Telefonnummer gegeben, was eigentlich verboten ist, weil es über den Service laufen sollte. Aber er war immer so spendabel. Wenn er mich sehen wollte, rief er an, wir verabredeten uns und waren einen ganzen Tag zusammen. Beim letzten Mal war er ein bisschen komisch. Beim Abschied gab er mir was. Sollte ich aufheben. Drei Tage später las ich von seiner Pleite und dann vom Schlaganfall. Na, das war's dann, dachte ich. Weg mit Schaden, sozusagen. Entschuldigen Sie, ich hab einen Termin. Was will er denn jetzt?"

Gritt erkannte, dass Bindig etwas schreiben wollte. Sie legte ihm ihren Notizblock hin und gab ihm den Stift in die Hand.

Mühsam und schwer atmend, kritzelte er etwas, schob den Block der Frau zu.

Sie las, lachte auf. „Der ist ja verrückt... Entschuldigen Sie..." Sie warf einen Blick zur Tür. „Ich muss mich jetzt aber wirklich fertig machen."

„Sie sollten so was nicht sagen", flüsterte Gritt. „Er versteht nämlich gut."

Sie hatte den Text lesen können. Da stand: Du sollst immer bei mir sein.

„Na und wenn schon.. Es stimmt doch. Ich weiß gar nicht, wie er dazu kommt. Außerdem: Ich bin keine Pflegerin. Und jetzt gehen Sie bitte.", wiederholte die Frau um eine Spur heftiger. „Ich hab wirklich keine Zeit. Nein! Was will er denn jetzt schon wieder?"

Noch einmal verlangte Bindig den Block. Sie lasen: „Ich hab viel Geld."

Die Frau lachte auf. „Nein, der ist wirklich verrückt. Der ist doch pleite. Aber wenn er das meint..."

Aus einer Schublade zog sie einen schmalen Aktenordner.

„Ich hab das Päckchen aufgemacht, ich durfte ja glauben, dass er das nicht überlebt. Bitte, von Geld keine Spur. Nehmen Sie's mit, vielleicht glaubt er, er kann damit Geld machen. Entschuldigen Sie, ich hab's eilig. Sie wissen ja, wo's rausgeht."

Sie verschwand ins Nebenzimmer, die Tür zog sie zu.

Bindig hatte sich am Tisch hochgestemmt, machte Zeichen, dass er gehe wollte.

Martin kam ihm zu Hilfe.

Gritt schlug den Ordner zu. Sie hatte darin geblättert. „Weißt du, was das ist? Eine Bombe.."

Sie stiegen ins Auto, der Alte plumpste auf den Rücksitz, den Kopf auf der Brust, an der Unterlippe sammelte sich ein Speicheltropfen, schwoll an, fiel auf seine Knie.

„Das ist Dynamit! Pures Dynamit! Bindig hat hier Papiere gesammelt, die beweisen, dass Martens ein Kreditbetrüger ist. Er hat die Bilanz gefälscht, viel zu hohe Mieteinnahmen, nur so bekam er seine Kredite. Und Bindig hat er als Konkurrent in die Pleite getrieben. Jetzt kriegt der sein Geld wieder. Das alles in der Zeitung und sein Laden fliegt in die Luft."

Gritt juchzte in das Aufheulen des Motors.

„Gut gemacht, Herr Bindig."

Der schwiegt, stumpf nach draußen blickend. Auch Martin gab keinen Mucks von sich.

„Kein Nummernkonto. Nee, aber der Untergang eines Bau-Tycoons. Ich fahr sofort in die Redaktion. Kommst du mit?" Schweigen. „Mensch, bist du noch immer sauer auf mich?"

Bindig schlug mit der Hand gegen Gritts Hinterkopf.

„Verdammt." Sie bremste. „Was soll das? Soll ich vor einen Baum fahren?"

„Er will aussteigen", murmelte Martin, „ich auch."

„Bitteschön." Jetzt langte es ihr. „Wie ihr wollt. Was ist eigentlich los mit dir? Freust du dich nicht? Ich begreif dich nicht."

Sie warf nicht mal einen Blick in den Rückspiegel, als sie weiterfuhr.

Was der Alte empfand, war leicht nachzuempfinden. Aber was fühlte Martin? Er hatte Mitleid mit dem Alten, aber noch mehr Mitleid mit sich selbst. Das verwandelte sich in Scham, Ekel und Entsetzen. Um sich für das einfache und saubere Gefühl des Entsetzens zu entscheiden, war es zu spät. Er hätte schreien sollen. Sofort hätte er schreien sollen. Wie man es vernünftigerweise tut, wenn man etwas Schreckliches erlebt. Er hatte auf die Zähne gebissen und jetzt würgte er.

Immerhin, jetzt war er wach, bloß, wohin wacht man auf, wenn der Traum weg ist? Für den man gelebt hat! Und wenn man plötzlich erkennt dass man nicht das ist, was man geglaubt hat, sondern.. Ja, was ist man jetzt? Ein Nichts? Alles ein Irrtum! Alles Illusion! Alles bloß Wahn!

Wie rettet man sich aus einem Erdbeben mit gleichzeitigem Taifun? Einen Standpunkt finden. Am besten Straßenpflaster. Gut, dass die Füße von selbst wissen, was zu tun ist. Ein Fuß setzt sich vor den anderen, automatisch. Mit jedem Schritt steigt etwas von unten nach oben. Es geht. Es geht wieder. Und keine Frage, der Boden trägt. Überhaupt: Keine Fragen mehr! Genug gefragt. Gehen wir.

Er nahm den Alten beim Arm, da gingen zwei, man konnte meinen: Vater und Sohn und der Sohn stützte den Vater.

Das Abendlicht gab den Häusern rote Augen. Kurz bevor sie eine Brücke überquerten, kamen sie an einem Kiosk vorbei. Der stand auf der anderen Straßenseite, auf einem Plakat konnte man in riesiger Schrift lesen: „Sonderausgabe! Katastrophe! Türme eingestürzt!"

Der Alte warf einen Blick hinüber, ging aber weiter. Aber Martin blieb wie angewurzelt stehen. Dann kurvte er durch Lücken im Straßenverkehr zum Kiosk.

Als er in der Tasche nach Kleingeld kramte, um die Zeitung zu bezahlen, blickte er kurz zur Brücke und konnte erst nicht glauben, was er sah. Bindig versuchte, sich über die Brüstung zu wälzen. Das sah komisch aus. So, als versuche einer sich selbst hinüber zu schleudern. Ein Bild, scharf wie ein Foto und doch unverständlich. Dann kapierte er.

„Nein!" schrie er losrennend, im Blick schon festgefroren die leere Stelle, wo der Alte gelehnt hatte.

In diesem Moment traf ihn ein furchtbarer Stoß in die Hüfte.

Er erwachte im Krankenwagen. Sofort fragte er: „Wo ist er?"

„Wer? Der im Fluss? War das ihr Vater?" Der junge Sanitäter beugte sich über ihn. „Keine Angst. Sie suchen ihn. Sie finden ihn bestimmt."

Errötend wandte er sich ab.

Vorsichtig bewegte Martin seine Glieder. Schmerz in der Hüfte, das rechte Hosenbein ist aufgerissen, am Schenkel eine Schürfwunde.

Der Krankenwagen bremste scharf. Eine Notbremsung.

Und noch eh der Sanitäter begriff, was da geschah, hatte Martin die Tür aufgestoßen und war auf die Straße gesprungen. Gerade schaltete der Fahrer das Martinshorn an, um aus dem Stau auszubrechen, doch wozu. Das Unfallopfer war verschwunden.

Solche Gestalten waren der Stadt nicht unbekannt: sie trugen zerrissene Hosen, abgewetzte Jacken, wirres Haar und keine Schuhe. Waren sie um die zwanzig, handelte es sich wahrscheinlich um eine Variante der Jugendmode. Waren sie über dreißig, achtete man besser nicht darauf.

Deshalb fiel auch Martin nicht auf. Nur einmal, da bekam er eine Flasche angeboten von einer fragwürdigen Figur, die auf einer Bank saß.

Unbemerkt kam er in seine Wohnung, stopfte in einen Rucksack Wäsche, Kaffeedose, Becher, Kerzen, ziemlich wahllos dies und das und stieg in wetterfeste Schnürschuhe. Er war wieder geerdet.

Ach, und das Geld. Das Geld, wo ist noch mal das Geld. Richtig. Schmutzwäsche. Schmutzwäsche, alles Schmutz und Wäsche. Da ist es. Geld wurde jetzt gebraucht. Er wollte. Nämlich... Ja, was wollte er? Wir werden sehen. Erst mal alles rein in den Sack. Und was noch? Das Buch. Gott, das Buch. Er scheute sich, es anzufassen. Lass liegen. Ein Nichts, ein explosives Nichts. Andererseits.. wäre er dann nicht wie ein Vater, der sein Kind im Stich lässt? Ein schwierige Kind, gewiss. Hat nur Ärger gemacht. Aber sie hatten gemeinsam gelebt.

Er drückte das Buch hinein.

Noch eine unangenehme Sache. Am besten brachte man sie schnell hinter sich. Glücklicherweise stand Gaetano gerade unten im Flur und heftete eine Hausmitteilung ans Brett.

„Räumt die Wohnung aus und macht mit dem Kram, was ihr wollt", sagte Martin. Und drückte Gaetano den Wohnungsschlüssel in die Hand. Als der kapierte, was er gehört hatte, war Martin schon weg.

53

Für dringende Fälle hatte ihm Martens die Nummer seines Mobiltelefons gegeben. Und wenn das kein dringender Fall ist, will er Hase heißen oder sonst wie.

Er versuchte es schon zum dritten Mal, aber sein Auftraggeber meldete sich nicht.

Dabei war jetzt klar, hinter was die beiden Typen wirklich her waren.

Von wegen Bauhelm. Hinter Geschäftspapieren von Bindig waren die her. War mal Geschäftspartner von Martens. Und die haben sie jetzt. Die Frau beim Begleitservice hatte es ihm gesagt.

Bestimmt Material, an das Martens interessiert sein müsste. Das sagt ihm seine Schnüfflernase. Klar, er kann sie besorgen. Kostet was extra, versteht sich. Aber kein Problem. Ein Kinderspiel das Knacken einer Altbauwohnung.

Na, was ist, Bosss? Warum antwortest du nicht? Es geht um deinen Laden! Haste dein Mobiltelefon ausgeschaltet? Pennste etwa? Oder haste dein Telefon nicht bei dir?

Keineswegs. Das Telefon klingelte ganz in Martens Nähe.

In den Abendnachrichten erfuhr der Privatdetektiv, warum sein Boss nicht geantwortet hatte.

Tragisch.

Er steckte sich ein Schnurrbartende in den Mund und kaute darauf herum.

Woher kriegt er jetzt sein Honorar?

Oder soll er sich an die Kleine wenden, an die Journalistin, und ihr – gegen ein hübsches Handgeld, versteht sich – alles erzählen, was er wusste? Von Martens, aber auch von diesem verrückten Typen, dem Fotografen, mit dem sie rummacht. Vielleicht weiß sie gar nicht, dass der plemplem ist.

Und was, zum Teufel, soll er jetzt in den Computer tippen? Für seinen Krimi?

Der hat ja noch gar nicht richtig angefangen!

54

Gelangweilt blätterte der Chefredakteur im Manuskript. Wieder stand Gritt vor seinem Tisch. Sie spürte den Windzug seiner Hand bei jedem Umblättern.

Er warf einen Seitenblick auf ihre Beine. Jeans. Dann seufzte er:

„Das ist die ganze Geschichte? Martens und der weiße Bauhelm?"

Gritt nickte.

„Ziemlich verrückt, was? Ich hielt ihn schon immer für überdreht... Na, man soll nicht schlecht über Tote reden. Und das tu ich auch nicht über Ihren Text. Der ist genau so tot."

Sie zuckte zusammen.

„Tot?"

„Ja, Sie Komikerin. Ihr Text liegt wie er unter seinen Türmen begraben. Sehen Sie, daran erkennen Sie den alten Hasen. Er riecht den Tod noch vor Leichenhunden. Aber Ihre Nase ist nicht die beste."

Tapfer sagte sie: „Das verstehe ich nicht."

Heute hatte der Chefredakteur Schlupfaugen, besonders das rechte Auge wollte sich fortwährend unter das Oberlid zurückziehen.

Jetzt lugte es hervor wie ein Insekt.

„Ihre Geschichte ist von gestern. Bringen Sie was, das die Leute morgen lesen wollen. Und merken Sie sich das für die Zukunft, Frau Lohmann. Für eine Zeitung gibt es zwei Arten von Tatsachen: Es gibt tote Tatsachen und es gibt lebendige Tatsachen. Martens ist eine tote Tatsache. Eine mausetote."

Das Insekt schlüpfte wieder zurück.

Sie ließ nicht locker: „Und die Politiker, die drin verwickelt sind?"

„Ach Gott.. Die wickeln sich wieder raus, jetzt wo beide nicht mehr existieren. Ohne Bindung und Martens ist das kalter Kaffee. Und außerdem, das sind doch Kollateralschäden. Passiert nun mal in Aufbauzeiten. Sehn Sie denn nicht, was hier los ist? Wir werden New York! Mindestens. Wen interessiert noch die Vergangenheit? Also lassen Sie das Kleinkarierte, schreiben Sie was Großes. Über die Künstler, die uns die Stadt einrennen. Die Modeschauen. Die Diskotheken. Die Jugend. Wie es so schön heißt: Und der Zukunft zugewandt.. Kennen Sie doch."

Und damit warf er ihr das Manuskript so heftig zu, dass es über den blank polierten Tisch rutschte und sie es an der Tischkante auffangen musste.

„Wenn Sie rausgehen, hübsches Kind, fragen Sie mal, wo mein Kaffee bleibt."

Er hatte keinen Kaffee bestellt. Irgendwie musste die Kleine aus dem Zimmer zu kriegen sein.

Großartig, sie ging.

Er sah ihr beim Hinausgehen nach.

Sein Blick wurde melancholisch und er dachte: Armes Kind. Hat keine Beine.

55

Im Damensalon. Der Augenblick nach dem Tanz der Hände um das am Boden liegende Toupet. Zweifellos ging es mit ihm jetzt wirklich zu Ende. Frau Manzoni zupfte nur noch unwillig und nachlässig an dem Haarteil herum, während ihr Mann, in einem Frisierstuhl sitzend, sie verdrossen im Spiegel beobachtete.

Überhaupt herrschte eine seltsame Stimmung. Gaetano wollte sich wie immer leidenschaftlich ärgern, er hatte ja auch allen Grund dazu, aber gleichzeitig hoffte er inbrünstig, seine Frau würde ihm den Ärger abnehmen. Diesmal schwieg sie.

„Was ist. Bist du stumm?" knurrte er.

Sie versuchte eine Locke des Toupets zu spannen. Hoffnungslos.

„Du hast doch nicht im Ernst geglaubt, dass das ewig so weitergeht.", sagte sie.

Sie prüfte eine andere Locke. Das gleiche Ergebnis. Alles Leben war aus dem Haarteil verschwunden. Sie gab es auf.

„Eh! Ewig!" Nur aus Rücksicht auf die Örtlichkeit spuckte er nicht aus. Er zeigte auf eine Stelle am Kopf. „Da!"

„Das kannst du nicht mehr verwenden."

„Eh! Lass mich mal.." Er hob die Hand.

Sie gab ihm einen Klaps auf die Finger.

„Wir müssen dir eine neue kaufen.."

Sie schwiegen eine Weile.

„Und was jetzt?" fragte sie.

Auch sie war müde.

„Weiß nicht", murmelte Gaetano.

Düster betrachtete er sich im Spiegel. Ein geachteter Mann. Ein Mann der Ehre und des Kampfes. Und von hinten getroffen. Heimtückisch getroffen. Erstochen.. Zwar floss kein Blut, aber Cäsar liegt am Boden. Für immer. Auch du, mein Sohn Brutus. Wieso, weshalb? Und sag nicht, das ist nichts! Das ist Untergang! Das ist Katastrophe!.. Stopp. Er selbst lebt ja noch oder?

Übrigens: für einen hinterrücks Gemeuchelten sieht er doch ganz passabel aus, anders das maledetto Haarteil. Ein neues muss her!

„Eh.. Was ist auf Konto?"

„Fast 30.000."

„Gut.. Aber jetzt das Problem. Hast du vergessen? Was sag ich Patienten?"

„Dir fällt schon was ein."

Sie stützte sich mit den Ellbogen auf seine Schultern, setzte das Kinn auf seinen Kopf und betrachtete ihn im Spiegel. Unbehaglich rutschte er tiefer in den Sitz.

Sie lächelte seinem Spiegelbild zu. Dann glitt sie von ihm ab und biss ihm leicht in den Nacken.

In der Kitteltasche hatte sie einen Brief von einem Architekten. Er bot ihr an, das Mietshaus zu modernisieren und das Dach auszubauen. So würde sie gutverdienende Mieter nicht verlieren und könnte die Dachwohnung verkaufen.

56

Vom Endbahnhof der S-Bahn bis zu der Datsche war es ungefähr eine halbe Stunde Fußweg. Er musste durch das Dorf, verlief sich einmal, wunderte sich über die gelben Blumenbüschel am Straßenrand. Wenn er jetzt seine Fotoausrüstung bei sich hätte... Verschenkt. Hüfthoch waren diese Blumen und bogen sich in Schweifen zum Himmel, als wären Kometen kopfüber in die Erde gestürzt.

Ihm kamen die Flugechsen über der Baugrube in den Sinn. Eine gefährliche Sache, die Fantasie. Vorsicht, Vorsicht.

Hunde begleiteten ihn schattenhaft hinter den Zäunen, manchmal blaffte einer, Martin wich zur Straßenmitte aus.

Das Gehen tat ihm gut, der Wechsel von Licht und Schatten unter den Alleebäumen war ein Gemurmel, nicht für das wirkliche Ohr, sondern für das innere, das ihn in letzter Zeit so geplagt hatte. Tinnitus des Geistes, das Leiden der Träumer. Die geistig Gehörlosen hatten es schon immer gut.

Er hatte große Lust, einer zu werden.

In der Datsche fiel er auf das Matratzenlager. Decken und alles andere würde er sich morgen besorgen. Und später? Abwarten. Vielleicht Amerika, Kalifornien. Überall, wo Sonne ist. Sonne und Bäumerauschen im Wind.

Die Sonne schwenkte ein zum Sinkflug in die Wälder, die Wolkenränder bekamen einen silbernen Glanz.

Es dämmerte.

Martin lag hinten im Winkel, aus dieser Sicht war das Grün eines Laubbaumes ein Leuchten in den Fenstern.

Je dunkler die Datsche, um so leuchtender das Grün. Die Fenster wurden Eulenaugen, grüne Eulenaugen.

Und dann wurde es auch draußen dunkler und dunkler und bald war der Himmel über der Datsche voller Dominosteine.

Er schlief.

57

Bis auf den letzten Platz ist das Wartezimmer besetzt. Mit einer cäsarischen Handbewegung verweist Gaetano die beiden alten Frauen auf ihre Plätze. Kein Singen heute!

Auch die Kerzen brennen nicht.

Umständlich entfaltet er ein Papierblatt. Räuspert sich. „Ich..." Sein Mund ist trocken. Er greift zu dem bereitgestellten Wasserglas, trinkt. „Bitte.." Schon besser. „Ich möchte sagen. Nicht erschrecken, bitte sehr. Der Meister, unser verehrter Atomdoktor, hat uns verlassen."

Aufstöhnen. Eine schrille Frauenstimme: „Nein!"

„Bitte, bitte, Herrschaften, Beruhigung." Gaetano wirft einen väterlichen Blick in die Runde. „Wer konnte glauben, es geht so immer und das ewig? So ist das. Das Leben ist so. Türme stehen, Türme fallen, Katastrophen, kommen, Katastrophen gehen.. Aber, seht, welche Freude, zum Trost hat er uns geschrieben und... Jetzt lese ich seinen Brief."

Er hüstelt. Dann liest er, kraftvoll und überzeugend. Es ist ein Text, für den er drei Stunden anstrengenden Nachdenkens benötigte.

„Meine Lieben! Unaufschiebbare Gründe sind gekommen, euch zu verlassen. Die Botschaft kam von unbekannt. Erwartet keine Erklärung. Ich weiß es auch nicht, ich muss es machen. Zurück in die Zukunft! Dort brauche ich nichts. So hinterlasse ich euch mein Eigentum und gebt dafür ein Scherflein den Armen..." Hier macht Gaetano eine Pause, kratzt sich die Stirn. „...des Geistes. Ich bin jetzt in vierter Dimension. Doch meine Hand, meine Wunderhand, ist immer über euch. In Frieden und Freundschaft. Euer lieber Atomdoktor."

Er bückt sich, zieht unter dem Tisch einen überquellenden Wäschekorb hervor. Es ist Frau Manzonis Korb für ihre Schmutzwäsche.

Er schiebt einen Finger in die Schlaufe eines blauen Frottiertuches und hebt es in die Höhe.

„Sein Handtuch, er hat es angefasst ganz zuletzt mit eigenen Händen. Noch was feucht davon.. Was bieten die Damen und Herren?"

Mit 20 Mark beginnt es und endet mit 130. Später gibt es auch Kleidungsstücke und Gegenstände des Haushalts. Der alltägliche Besitz eines Wunderheilers entfaltet in Gaetanos Hand seinen unwiderstehlichen Zauber und eine Katastrophe nimmt eine erfreuliche Wendung.

58

Es klang wie ein plätschernder Wasserhahn. War aber nicht. Gritt klapperte in aller Frühe mit den Computertasten. Denn es hatte sich ein Wunder ereignet, freilich erst seit kurzem, aber dafür auf der ganzen Welt. Es nennt sich world wide web. Dort kann man seinen Text veröffentlichen, den man dann überall lesen kann. Geradezu wie bei einer Zeitung, bloß viel besser, denn man ist sein eigener Chefredakteur.

Sofort nach dem Frühstück hatte sie zu schreiben begonnen. Und das schrieb sie:

„Dies ist mein erster Artikel. Ein Bericht, für den sich keiner interessiert, weil dessen Helden tot sind."

Nein, dachte sie und lehnte sich zurück, das stimmt nicht. Da ist noch ein Held: verträumt, ja, sicher auch ein bisschen verrückt, aber keinesfalls tot. Oder doch? Um Himmels willen – bei dem war alles möglich...

Sie sprang auf. Sie hasste den Chefredakteur, aber für eine Sache war sie ihm dankbar:

Er hatte auf ihre Beine geschielt und sie wusste, warum.

Sie zog die Jeans aus und die Bluse, und rein in das goldige Sommerkleidchen. Nee, dass sie das noch mal anziehen würde. Das reicht ja grade, na weißt du… Wann hatte sie das zuletzt... Achja. Die Gartenparty von… Hol ihn der Kuckuck. Wo sind die Schuhe?

Sie erwischte Gaetano beim Aufschließen des Ladens. Nein, tot war Martin nicht, aber weg. Seit gestern.

„Gestern? Und wie sah er aus?"

„Na so."

„Was na so.. Was hatte er denn an?"

„Weiß nicht.. Lederjacke, Hose.. Eh! Hose war aufgerissen, hier am Bein. Vielleicht Schlägerei."

„Wieso Schlägerei? Mit wem?"

„Weiß ich? Vielleicht blau."

„Wieso vielleicht? War er's oder war er's nicht?"

„Wer? Was?"

„Und nach seiner neuen Adresse haben Sie nicht gefragt? Ist Ihnen der Mann so egal? Oder wollen Sie mir die Adresse nicht sagen? Warum?"

Mit einem Seufzer hielt er seine Handgelenke hin: „Gut. Bekenne. Hab ihn gemordet. Verhaftung."

Niedergeschlagen wollte sie schon gehen, da sagte er: „Eh! Fällt mir ein.. Rucksack! Hatte Rucksack auf."

Und da gab sie ihm einen Kuss auf die Wange.

Seine Frau hatte alles durch den Vorhang beobachtet. Sie schüttelte den Kopf.

„Hast du gesehn?" brummte er. „Die kleine Hexe! Von Tarantel besessen."

„Vom Teufel besessen, heißt das", korrigierte sie, „und vom Teufel schon gar nicht."

59

Möwengeschrei weckte ihn. Zwei Möwen schossen am See durch die Luft, aufgescheucht und angriffslustig.

Martin nahm die Kasserolle von der Wand und ging er hinunter zum See, um Wasser für den Kaffee zu holen.

Als er zurückkam, sah er drei Männer in die Datsche gehen, auf seinen Ruf kamen sie heraus. Einer lehnte sich mit dem Rücken an die Datsche, der zweite setzte sich auf die Türschwelle, nur der dritte kam näher. Dieser sprach ihn an, er war ein Deutscher, groß und selbstsicher, seine eng anliegenden Augen gaben ihm einen boshaften Ausdruck. Die beiden anderen waren Vietnamesen, mit müden Augen in ihren blassen Gesichtern.

„Na, gut gefrühstückt?"

„Nein", sagte Martin. „Ich hab ja nichts da. Ich muss erst einkaufen."

„Schade. Hätten gern mit dir gefrühstückt. Kommen wir also gleich zur Sache."

„Zu welcher Sache?"

„Hat dein Alter dir nichts gesagt?"

„Mein Vater? Nein. Wieso?"

„Na, ihn kann ich ja nicht mehr fragen, ist ja auch tot. Bestimmt hat er dir was hinterlassen."

„Ja, die Datsche."

„Verscheißerst du mich? Hör mal gut zu, Söhnchen. Dein alter Herr war ganz in Ordnung, nur zuletzt hat er wohl ein bisschen gemogelt. Er schuldet uns noch 30 Mille und 20 Stangen Zigaretten! Hat er sich nämlich unter den Nagel gerissen. Ja, mein Junge. Dein Alter und ich waren Partner im Zigarettengeschäft. Also her mit der Kohle und den Zigaretten. Aber ein bisschen flott."

„Ich hab doch gesagt..."

Der Schlag traf ihn mitten ins Gesicht. Die Kasserolle entfiel der Hand, mit einem lüsternen Seufzer schluckte die Wiese ein Liter Wasser, und der Vietnamese an der Datschenwand machte freundlich einen Schritt zur Seite, damit Martin dorthin taumeln und sich anlehnen konnte.

„Ich hab wirklich nicht..." stammelte er.

Ein neuer Hieb, diesmal in die linke Niere. Er schrie auf. Der nächste Schlag traf Martins Kinn und zum zweiten Mal in dieser schönen Landschaft ging er zu Boden.

Als er erwachte, waren die Männer verschwunden. Er rappelte sich auf und ging in die Datsche. Alles durchwühlt, natürlich auch sein Rucksack. Das Geld? Futsch. Tschüss, Kalifornien.

Dumpf und feucht war es hier drinnen. Auf dem Boden lag zerfetztes Zeitungspapier. Er stopfte es in den Herd. In der Tischschublade fand er Kerzen und Streichhölzer, er zündete das Papier an. Erst einmal geschah nichts, dann qualmte es, und der Qualm kam nicht nur aus der Klappe, er stieg auch aus den Ringen der Herdplatte.

Gerade wollte er der Sache auf den Grund gehen, da gab es einen Knall und alles, was am Herd fest war, flog hoch oder an ihm vorbei, dazu ein Schwall von Zigaretten und Zigarettenschachteln.

Der Herd verpaffte sozusagen mit einem Zug 20 Stangen unverzollte Zigaretten.

Und dann schlug eine Flamme hoch.

60

Das Auto lag schräg in der Kurve, knurrend überholte es die größten Kutschen. Der Kleine ist heut aber gut drauf, dachte Gritt. Wie der fährt! Als ihr beim Einbiegen auf den schmalen Waldweg ein Wagen entgegenkam, setzte sie rückwärts in eine Schneise.

Im vorbei sausenden Auto saßen drei Männer. Waren das nicht Vietnamesen?

Ab sofort zählten keine Verkehrsregeln mehr, allerdings befand sich der Wagen auf einem Waldweg und das hätte sie beachten sollen, denn auch die Waldregeln sind nicht ohne: in einer Kurve sauste sie in ein sumpfiges Gelände.

Das Auto saß fest.

Sie sprang heraus und rannte.

Sie hörte in der Ferne einen Knall, dann sah sie eine Rauchwolke. Sie hetzte durch Büsche, brach durch Fichtenzweige, sie wurde geschlagen und gestochen, es galt einen Mann zu retten.

Tatsächlich, die Datsche brannte.

Aus der offenen Tür kamen Rauch und Flammen, sie schrie: „Martin!". Und immer wieder: „Martin!"

Dann verstummte sie und setzte sich ins Gras, das Gesicht kreideweiß der Datsche zugewandt, als wartete sie auf ein Wunder.

„Hast du mich gerufen?"

Das Wunder kam, aber aus entgegengesetzter Richtung. Langsam drehte sie den Kopf. Da stand er, in Lebensgröße, in der Hand eine mit Wasser gefüllte Kasserolle. Sie betrachtete ihn, dann gluckste sie und schließlich lachte sie, sie lachte so unbändig, dass sie sich vor Lachen krümmen musste.

Darauf entspann sich folgende Unterhaltung:

„Was willst du denn damit?" sagte sie.

„Na, löschen. Du siehst doch, es brennt", sagte er.

Glucks.

„Ich könnte das Wasser auch trinken", murmelte er. „Ich hab noch nicht gefrühstückt."

„Na dann tu's doch."

Sie hatte sich wieder in der Gewalt und sah sich mit gespielter Gleichgültigkeit die Umgebung an.

„Hab aber keinen Durst", sagte er.

„Nein?"

„Hast du Durst? Willst du?"

„Nö."

Sie zupfte gleichgültig, ja, sogar gelangweilt etwas vom Kleid.

„Du kannst nämlich das hier trinken. Ist einwandfrei. Ganz klares Wasser. Vom See... Naja.. Vielleicht trink ich's auch selber."

„Und warum tust du's nicht?"

Sich fast unmerklich in der Hüfte wiegend, spürte sie, wie der Wind vom See mit dem Saum ihres Kleides spielte. Das fiel sogar Martin auf. Aufmerksam beobachtete er das leichte Flattern, plötzlich erinnerte er sich an etwas, er sah weg, das war nicht leicht, starrte auf die Wiese, der Geruch von warmem Gras stieg in seine Nase, im Nacken der heiße Griff der Sonne. Großer Gott! Wie nackt ihre Beine waren.

„Entschuldige", begann er leise.

„Ja?"

„Versteh mich richtig. Ich.. Ich bin gar nicht so gegen Sex. Überhaupt nicht... Man kann's ja Liebe nennen."

Und es geschah, was seit Lebenszeiten geschieht.

Und in den Bäumen rauschte es: Vielleicht sind wir nichts, vielleicht sind wir nur Illusion, aber wir haben doch viel Spaß dabei.

61

Und was wurde aus der Stadt? Vereint durch den Mauerfall überschritt die Bevölkerung die 3-Millionengrenze. Man erhob sie zur Hauptstadt, was weiteren Zuwachs bedeutete, von allen Ecken der Welt strömten junge Menschen herein. Der Poltauer Platz wurde durch die Türme weltberühmt und zu einem Touristenmagnet. Ein Turm war ja stehen geblieben, und man hatte die geniale Idee, den Trümmerberg der gestürzten Türme zu planieren, so dass er als stabiler Untergrund für den Wiederaufbau der beiden anderen Türme taugte. Man gab den drei Türmen einen Namen: die „Martens-Türme".

Die Gaetanos profitierten vom hippen Ruf der Stadt: Durch die aus aller Welt herein strömenden Menschen wurde der Wohnraum knapp, die Mieten stiegen und Bettina Manzoni hatte rechtzeitig das Mietshaus modernisiert und das Dachgeschoss ausbauen lassen. Die Verwaltung übergab sie einer professionellen Hausverwaltung, sie konnte jetzt wieder in die Oper gehen und das sogar mit ihrem Mann. Der war mittlerweile vornehm gekleidet: mit schwarzem Hut und knielangem, dunklem Mantel. Das würdevolle Outfit entsprach seiner neuen Stellung: Er war Patrone der Pizzeria „Gaetano" mit drei Angestellten. Die Pizzeria befand sich im Haus von Manzoni. Vom Friseursalon blieb keine Spur.

Und die jungen Leute? Abgesehen davon, dass sich Katja immer noch fragt, ob ihr Vater nicht doch ein heimlicher Mafioso ist – nein, dieser Hut! – und die ganze Wunderheilerei womöglich nur der Geldwäsche gedient hatte, ist alles paletti. Aus Katja und Klaus wurde ein Liebespaar, desgleichen aus Gritt und Martin, und wenn sie nicht geheiratet haben, dann leben sie, pardon, dann lieben sie noch heute.

*

Und zum Buch das Theaterstück **Der Frisiersalon** *mit einem Atomdoktor, der zwei Väter hat:*
einen geistigen und einen biologischen.
(siehe www.stadthaus-verlag.de / Theater zum Lesen)

Bücher von Dieter Lenz im Stadthaus-Verlag

Heimkehr in Schweden
Kurzroman
140 S., 11,5 x 18 cm, Softcover, 8,80 €

Mein Schweden
Aus dem Tagebuch eines jungen Deutschen
in Småland / Schweden
152 S, 11,5 x 18 cm, Softcover 8,50 €

Die letzten Tage des Kommissars
Erzählungen
140 S., 11,5 cm x 18,0 cm, Softcover 9,50 €

Weitere Bücher finden Sie unter
www.stadthaus-verlag.de
Dazu die Leseseiten

Eikas Berlin-Journal (Eika Aue)

Harald Schmids Aphorismenseite /
Aphorismen und Notate / Harry Pegas Epigramme
(Harald Schmid)

Mein neues altes Berlin (Jürgen Mahrt)

Berliner Politik-Anekdoten aus DDR-Zeiten
(Hans Dreifarben)

Kurzgeschichten / Fragmente aus der Zukunft / Verse auf
der Kachelwand / Zwischen Troll und Buddha /
Aus meinem schwedischen Tagebuch (Dieter Lenz)

Thomas' Berliner Augenblicke / Thomas' Augenblicke,
nah und fern (Thomas Lenz)

Theater zum Lesen:
Liebe, Geld und noch mehr Mörderisches /
Sonja und ihr Roboter /
Der Frisiersalon / Das Boot im Garten /
Komm, Rheinländer tanzen! / Mensch bleibt Mensch. /
Ein gut bezahltes Sterben (Dieter Lenz)

Stadthaus-Verlag, Elbestr. 18, 15827 Blankenfelde